WHAT BOOKS
·什么· 工作室

# 不惧离散 只怕动情

## 萧红传

王臣 作品

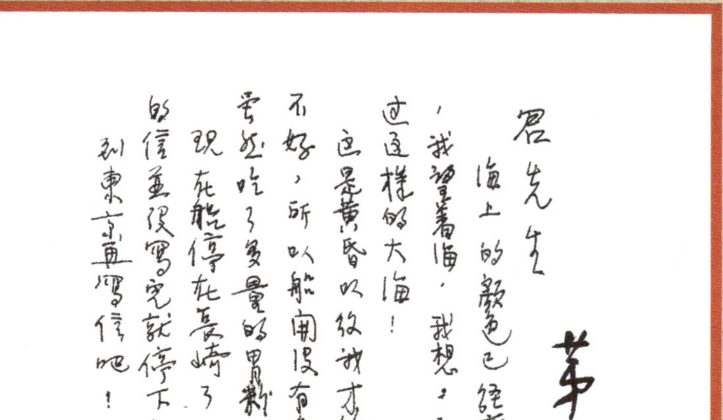

第一信

君先生

海上的顏色已經變成黑藍了，我站在船尾，我望著海，我想：這若是我一個人我怎敢渡過這樣的大海！

這是黃昏以後我才給你寫信，艙底的空氣並不好，所以船開沒有多久我時時就好像要嘔吐，雖然吃了多量的胃散。現在船停在長崎了，我打算下去玩玩。昨天的信並沒寫完就停下了。到東京再寫信吧！

祝好！

瑩
七月十八日

中國華僑出版社
北 京

# 目录

对每一个家，她都曾怀有远大的梦想，
以为总有一个会是收藏她一生的安稳归宿。
但都不是。非是运命不允，便是她心中不甘。
而家，散了便再没有了。
她好孤独。

序一

# 她爱这个世界，世界却不爱她

王臣

我一生最大的痛苦和不幸，
都是因为我是一个女人。

——萧红

一生要如何开始，又将如何度过和结束？

是他与你执手不离、生死不弃，还是曲终人散再没有人把你记起。世间纷扰，都抵不过他曾经爱你，与你生死相依。总有一日，我会将那些老旧时光里的点滴写成一封信寄给你，只愿你在彼岸读到之时还能感受到一点点日暮黄昏的诗意。

十年前，我读了萧红的《呼兰河传》。
十年后，我写下这本《萧红传》。

你不在的时光里，世人该如何怀念你。昔日，有无数个版本的《萧红作品集》在书店里目睹人来人往。后来，许鞍华又拍了你的传记电影，叫作《黄金时代》，还请来了拥趸无数的演员汤唯来诠释你。但我想，即便是我喜欢的汤唯，或许也不能不差分毫地还原你的本色吧。

去年，与众友人谈到民国女子，说起张爱玲的时候七嘴八舌，每个人都能聊上几句。但说到萧红，能讲上一句的人却不多。

那些苍绿的往事，温柔起来叫人如沐春风，遒劲起来又似利刃一般，在时光的缝隙里雕刻出印痕，亦如在人的心上烙出层层永难愈合的伤疤。时时刻刻都要提醒你历经了怎样不堪的过去。**在你身上，岁月荒凉如故，运命亦不宽宏。所走的每一步路，都是荆棘密布。**

萧红。

这个名字，在文学史册中显得饥瘦伶仃，总像躲在暗处似的，一点也不愿意热烈。但其实，有谁知道，昔年旧日，她本也有一颗热烈如火的少女的心。几乎也要以为这人世，来来去去，情始情终，也不会是一件太难的事。但后来她心智渐开，才知道哪怕就只是“活着”这一桩事，也并不容易。

从哈尔滨到香港。
从北方的北方到南方的南方。

从黯然颠沛到流离失所。

从孤苦伶仃到老无所依。

生命之于她而言，仿佛是满满一册谶语。围绕着“苦难”的命题，一而再地摩挲她的生活，令她应接不暇。那一种疲倦，午夜梦回袭身而来的时候，大概真的连死的勇气也是会有的。她一生劳碌，可“奔波”分明是一件热闹的事，何以到了她的身上，就变得如此冷寂，如此不堪?

而今，我也只是遗憾，至今未能去呼兰河边坐上一个下午，吹吹北方的寒风，让不清醒的生活清醒，让不冷静的岁月冷静，让不淡定的那颗心淡定。萧红，她本身便是一本厚重的书，喑哑、沉寂、痛苦，让人忍不住流着泪一读再读。

有一种女人，仿佛生来就是带着苦难的。她的使命就如同一面至清至净的镜子，用她自身的哀痛来映照这个人世间的浊杂。可身为女子，终究还是避不开爱带来的巨大阴霾。

忘记在哪里看过这样一段话：“世事无常，人无常，爱无常。花辞树，以叶为美。叶落尽，以枝为姿。枝若朽，以根为雕。感情若如四季，我愿如良木。”良木，这终究也只能是个依稀的愿望。身在岁月中，历经伤、离、痛和绝望，岂是轻易能够处之泰然的。

近日重读余华的《活着》。

余华说：

我听到了一首美国民歌《老黑奴》，歌中那位老黑奴经历了一生的苦难，家人都先他而去，而他依然友好地对待这个世界，没有一句抱怨的话。这首歌深深地打动了我，我决定写下一篇这样的小说，就是这篇《活着》，写人对苦难的承受能力，对世界乐观的态度。写作过程让我明白，人是为了活着本身而活着的，而不是为了活着之外的任何事物所活着。

如今来看，余华的这部小说仿佛亦可当作萧红一生的注解。关于你，已经说过的话，一如你所历之世事，终将变成尘埃，终会不复存在。还没有说的话，都写进书里吧。语言出自口舌，总是轻浮，唯有文字立于纸上，才是有质感的，才是与你相衬的。

亲爱的萧红。

愿你，来生安好。

序二

# 我们要懂得爱自己（香港版）

王臣

每次离家，父亲总会对我说：

“平安离开，平安归来。”

离开不是结局，归来才是。所有的离开，都是为了归来。世界再大，终要回家。无家可归，是世间至悲之事。人生，从来如此。萧红此生，常有人用“漂泊”来概括。而我，更愿意用“寻找”来形容。她来这荒凉世间一遭，也不过是想要寻得一个家：温暖、柔软、安稳。

身为女子，她活得用力。

她的一生一世都在妥协与挣脱当中度过。她活得矛盾，又辛苦。可人生在世，原本就不是一件太容易的事情。幸福的长相总是相似，但悲苦的模样却千变万化。她待命运似知己，命运待她如仇敌。退也不是，进也不是。有时候，最难的就是不知何去何从。天地广阔，岁月无尽，她却无枝可依、四下流离。

萧红也曾有过几个家。

与祖父相依为命的家。
与萧军漂泊的家。
与端木蕻良流离颠沛的家。

只是，这些都不是她的人生皈依。对每一个家，她都曾怀有远大的梦想，以为总有一个会是收藏她一生的安稳归宿，但都不是。非是运命不允，便是她心中不甘。而家，散了便再没有了。

她好孤独。

写萧红，有时写的是心之流离，有时写的是情之哀伤，有时写的是世事之黑暗，而大多时候，写的是孤独。只是遗憾，我笔力有限，大抵也无法丝毫不差地从有限的史料中还原萧红完完整整的一生。这世间，谁敢说自己真正又完全地了解另外一个人呢？又何况是萧红之于我。关于萧红，若读者能从这一册书的笨拙文字中获知一二，已是我的荣幸。

写这篇序言的时候，恰好听到罗大佑的最新音乐作品《只得一生》，这首歌是他给许鞍华的电影《黄金时代》（汤唯主演的萧红传记电影）写的主题曲。很是应景。歌词出自林夕笔下，写得亦是妙极。

总要突然选择逗留，或冒险出走，

*总要昂然决定低头，或从容战斗，*
*总在倾听内心呼唤，一去不回头。*

罗大佑的声音配上林夕的词，听时哀伤，却又觉得深有力量。仿佛看到远方天际，层云翻涌，往事如流，海市蜃楼般一帧一帧掠过。有《商市街》，有《生死场》，有《呼兰河传》。有萧红的呼兰，有鲁迅的上海，有郁达夫的香港。

得花千树出版公司青眼，这册小书能与香港的读者见面，令我很是欣喜。说到底，香港，也是萧红一生一世叶落之地。她生在哈尔滨，死在香港。一生一死之间，只有三十一年，却隔得好遥远、好遥远。香港之于萧红，一如华丽之于沉默，绚烂之于孤寂，锦绣之于苍凉。

三十一岁，对一个女子而言是个怎样的年岁呢？青春是已式微还是刚刚开始？不知。但这个年岁，恰是我的母亲赐予我生命的时年。我忽然有些执迷当中似有还无的因缘。这一生，萧红是过得辛苦些，但已然值得。若是有来生，唯愿她能够好好爱自己。

已是傍晚七点钟，该给母亲打电话了。

# 不惧离散/只怕动情

# 『今生你是一缕孤烟』

# 壹

# 01 | 北 方

呼兰。

中国北方以北的一个小县城，位于黑龙江省哈尔滨市东北约三十里。松花江支流呼兰河流经小城，因此得名。它平凡、朴素，静默如谜。没有人会知道，这样一个僻静的小地方，会生长出一个惊世的女子——萧红。在以后的很多年里，一直被人怀念着。

呼兰，很清贵的两个字。念念在口中，声声有香气。名如女子，清素质朴，洗尽铅华。娴雅有时，婉静有时，但终归是低眉顺从的。一如以后的她，似是一身桀骜逡巡人世，骨子里却又实在不算是勇猛果决的女人。

呼兰，有时候小得看过去仿佛就只有那两条并不宽敞的大街。一条横贯东西，一条纵越南北。还有一条十字街，街上算是热闹。首饰店、布庄、油盐店、茶铺、药馆，也算齐全。城里，还有两家学堂。一个在南边，一个在北边。萧红就是去南边的龙王庙小学念的书。

小商小贩、农夫村妇，还有手艺人和几个读过书的先生，以及乡绅官家的男女们，都欢喜地生活在呼兰小城——一座已有 280 年历史的小城。

清代，雍正十二年（1734 年）正式建城。也是一座开化较早的古城。而呼兰河，原本叫作“胡剌温水”，又名“活剌浑河”。到清代的时候才被称为“呼兰河”。但呼兰也只是满语“胡剌温”的音译名，是“烟囱”的意思。

建城那年，清政府在呼兰设立守卫（团一级军事机构），由呼兰守卫直辖。同治元年（1862 年），清政府在呼兰守卫下设呼兰厅，呼兰为其所制。光绪五年（1879 年），清政府改呼兰守卫为副都统，呼兰仍归其管辖。慈禧新政时期，呼兰设府，地位煊赫。

光绪三十三年（1907 年），清政府改行省制，呼兰属黑龙江省辖区。民国二年（1913 年），行省、道、县制。呼兰县公署成立，属黑龙江省绥兰道辖区。

昔年，呼兰也曾繁荣。但后来沙俄入侵，筑成中东铁路，往日是交通要道的呼兰也便冷清下来。加之，宣统二年（1910 年），东北受灾，鼠疫肆虐。持续时间逾半年之久。单单呼兰这座小城，便因此丧生六万余人。几乎变成一座死城。疫情受控之后，呼兰昔日的荣光也终是不复再来。

1911 年，辛亥革命爆发。时局大变。呼兰小城，虽是素净，却也渐有哗声。民国初年，新生事物应运而生。商会、银行、信托公司、邮政局、劝学所、农会、基督教会堂等，齐刷刷立在了路旁。这便是新的呼兰。属于她的呼兰。

运命之玄，你我之凡胎肉身是无法揣度的。就好比，辛亥革命那一年，在呼兰小城的张家，一个女婴也随之呱呱坠地。她，仿佛是命里带着叛逆，将颠沛流离的宿命刻进了幼嫩不清的掌纹里。一点一点生长，最终覆盖了她的一生一世。

躲不掉。

避不开。

人与土地之间血脉相连。有一种融入彼此肉身与灵魂肌理的纠缠。一个人长成的样子，说话的腔调，动作的迟缓，甚至于内心的纹路，昂首抑或低眉的气场，都与那方生之养之的土地有关。一如她与呼兰。酷烈的寒，极低气温的冷，令她生来便是铿锵。

严冬一封锁了大地的时候，则大地满地裂着口。从南到北，从东到西，几尺长的，一丈长的，还有好几丈长的，它们毫无方向地，便随时随地，只要严冬一到，大地就裂开口了。

严寒把大地冻裂了。

呼兰的冬。萧红的冬。凛冽的几句话，仿佛是参透一生奥义的箴言。从至寒天地间，她开始了自己破碎的一辈子。这一生，她从这里开始，又将要去往何处？那一方惜藏她的栖息之处，在呼兰，还是远方？没有人知道。

或许，昔日茫茫无知的她，也曾穿着一身碎花小袄，矮小的身体，立在皑皑白色的小城中央，举目四望，看着天空之中无边欲滴的蓝，等着它一点一点笼罩下来，覆住她的脸，还有额前的乌发。然后想着，这个世界到底有多大，是否也会像她此刻热爱这世界一般地，热爱她?

连她自己也不知道，不久的将来，这惶惑不安的人间，会有一个双眸流火的女子，跃跃欲试并终于义无反顾地闯入那片生离死别的沙场。一路走，一路痛，一路把苦难抛洒在身后的黑色土壤之上。然后，腐朽在泥沼里，开出鲜艳的赤色花朵来。

黑之土地。
白之霜雪。

而她，将是烈焰之萧红。

# 02 | 烈风

萧红姓张。

在呼兰，张家算是富庶。张家先人是从山东徙居至此的。乾隆年间，山东连年灾荒。流离失所之人，无法计数。彼时，清政府为保护东北资源和满洲八旗之生计，封禁东北，禁止汉人出入。但命到绝路，总是有铤而走险的人。毕竟，东北的黑土地遍地膏腴。在那里，总是会有生机的。

于是，一个叫张岱的农民，带着妻子章氏沿路跋涉，远徙关外。张岱，原籍在山东省东昌府莘县十甲杨皮营村，是鲁西的一个小村庄。北上的路上，险患不绝，但为了生存，一切艰困皆不是阻碍。

在吉林的伯都讷青山集镇东面的河子屯，张岱发现了一块明代移民的荒地。于是，他报领了这块地，勤恳耕种，扎下了根。张岱便是萧红的远祖。

张岱与妻子章氏，育有三子：长子张明福，次子张明贵，三子张明义。

清代，嘉庆年间。张明福与妻子王氏在黑龙江省阿城县三区二甲福昌号屯一带开荒，日渐有了资财。福昌号屯，也成了张氏家族后来的大本营。同治元年（1862 年），张明贵又到黑龙江省南边宾县垦荒，并与妻子生下五个儿子和一个女儿。

长子张弼便是萧红的曾祖父。

道光年间，张弼只身来到呼兰经商。张弼既精通商道，又颇懂医术，在呼兰诸事都经营得甚好。而张家另外几支的族人也都在经商一事上获得成功。此时，张家也算步入鼎盛时期。在当地，张弼手下的门面不少。有不少烧锅（酿酒作坊）、油坊、杂货店等。张弼在呼兰、兰西等地，也置购了不少田地。育有一儿一女。

儿子便是萧红的祖父——张维祯。

张家到张维祯这一代人时，家大业大，但也因此，家族矛盾日渐突出，张氏一族终究还是脱逃不过分崩离析的命运。财富与人性，总是共生又矛盾地交织在一起。族人之间为财产之争斗，席卷不休。最后分家的时候，张维祯分得了呼兰的房产和一处油坊。光绪初年，张维祯与父母、妻女离开了张家大本营阿城县。

是年，在呼兰定居。

张维祯，生于道光二十九年二月初五（1849 年 2 月 27 日）。关于张维祯其人，《东昌张氏宗谱书》里记道："公秉性温厚，幼读诗书十余年，辍学时，适逢家业隆盛之际，辅助父兄经营农商事务。"是个性情温厚的男子。但若是说得刻薄些，大抵性格当中还是有几分软弱的。

只是，软弱除了会有行事懒散的外在表达之外，也会令他呈现出一种宽宏和清淡的气质来。与世无争，无欲无求，毕生所愿不过只是岁月静好、安稳度日。俗世当中，这样的男子身边往往会有一个要强的女人。总是这样的，仿佛是老天故意安排好的。

张维祯的妻子范氏，生于道光二十五年（1845 年），年长张维祯四岁。精明强干，又有个好身世。家境殷实，哥哥是某地督军。旧时女子的娘家境况好坏，对于她们在婆家的地位至为重要。娘家往往是她在婆家的门面和支撑。娘家境况好，在婆家连说话的分量也要重些。

张维祯父母去世之后，大小家事皆是范氏一人操持。张维祯则是起到一个帮衬范氏的作用。范氏虽然为张维祯生下一子三女，可惜三女出嫁之后，幼子早夭，如此一来，日后连继承家业的人也没有。虽然张范夫妇生活富裕，但也着实寂寞。大约也有这方面的缘故，范氏的脾气并不好。

后来，张维祯的堂弟张维岳将三儿子张廷举过继给了张维祯。如此一来，张维祯一脉方才得以延续。他的堂弟张维岳虽然不长寿，离世时只有四十九岁，但张维岳子嗣众多，香火极旺。膝下有七子一女：长子张廷蓂，次子张廷选，三子张廷举，四子张廷会，五子张廷禄，六子张廷献，七子张廷勋。女儿嫁给了滨江杨氏。

光绪十四年（1888 年），4 月 17 日。张廷举出生。母亲于他三岁时过世，生身父亲张维岳的后三子一女都是续弦所生。因在生父家中排行第三，被张维祯选中过继而来，所以，又字“选三”。

当年，张廷举也是进步青年，可他的进步思想局限很大。虽养母范氏一直认为读书无用，但张廷举依然坚持要入学堂读书，并且成绩甚是出众。从黑龙江省高等小学堂毕业，被列为廪生。廪生是旧年科举的名目，虽当时教育体制已经变革，但并不彻底，科举的一些成规依然有所保留。后来，张廷举入中级学堂，享受廪生津贴。

1909 年 8 月，二十一岁的张廷举与姜玉兰结婚。姜玉兰年长张廷举两岁。彼时，张廷举还在齐齐哈尔读书。同年，从学堂毕业，被授予师范科举人。甚至，还有从七品的虚衔官职——中书科中书衔。之后，被派任黑龙江省汤原县任农业学堂教员和劝业局劝业员。

姜玉兰其人，《东昌张氏宗谱书》里记道：“夫人姜氏玉兰呼邑文选公，幼从父学，粗通文字，来归十二年，勤俭理家，躬操井臼，夫妻伉俪最笃，惟体格素弱。”但族谱是后人修的，难免失真。姜玉兰与女儿萧红的关系并不理想。

姜玉兰体弱，宿疾缠身。去世的时候，萧红方才八岁。之后，张廷举续弦，继娶梁氏。梁氏，名亚兰。亚兰是结婚之后，丈夫张廷举改过的名字。本名梁秀兰。因“秀”字与下辈人重字，方才改之。《东昌张氏宗谱书》中亦有相关记叙：“续配夫人梁氏亚兰亦名门之女，佐理家务俱有条理。”

两任妻子，为张廷举共诞下四子三女。

萧红是长女。

# 03 | 如 烟

1911 年 6 月 1 日。

农历，端午。

这一日，张家大院正房东侧的外间，姜玉兰为张廷举诞下一个女婴。这是张姜夫妇的第一个孩子。乳名取作“荣华”。本来是一件大喜之事，但旧人迷信，说端午节是屈原祭日，出生于祭日是最不吉利的事。因此，端午节在生辰当中，被定义为“恶月恶日”。

那时候，流传一句话，说恶月恶日出生的人，“男杀父，女杀母”。听来骇然。可蹊跷的是，体弱的姜玉兰在生下萧红之后便久病不愈，八年之后病故。仿佛，当年坊间流传的话，一语成谶。真是让人悲伤。

自然，这些都是后话。旧时人们根深蒂固的“重男轻女”思想才是萧红童年阴影的根基所在。当年，正是因为祖母范氏未能再为张维祯一脉延绵子嗣，才将父亲张廷举过继入门，因此，孕期中的姜玉兰被全家寄予厚望，都盼着她腹中是个男婴。

但生儿生女原本就是天定的事。

所以，萧红出生之后，虽是喜事，但对家中长者而言，那欢喜之心也就实在有限了。包括她的父母在内，尤其是祖母范氏最是不悦。唯独祖父张维祯不同。他珍视自己生命当中的每一个至亲之人。而萧红，自出生便是一副天真热烈的样子。张维祯视之若珍宝。

之后，姜玉兰虽体弱，依然为张家诞下三名男婴。但男婴多是胎中不足，第一个孩子和第三个孩子都夭折了。第三个孩子是在母亲姜玉兰过世、父亲续弦之后染上鼠疫不治身亡的。那几年的东北鼠疫，骇人听闻。萧红的小小胞弟也未能幸免。

只有第二个男孩，活了下来。他便是张家唯一一个与萧红同父同母的胞弟——张秀珂。在经历了两个男婴出生又夭折的喜悲交杂的情绪之后，张秀珂的健康成长，让彼时子嗣并不兴旺的张家一时间显得热闹不少。

父母和祖母范氏都将大部分的精力和时间花在了照看张秀珂的身上。好景不长，萧红六岁那年，祖母范氏病重。萧红在《呼兰河传》里写道，“可当韭菜长起来时，祖母就病重了，而不能吃这韭菜了，家里别的人也没有吃这韭菜，韭菜就在院子里荒着。”

没多久，范氏过世。

祸不单行。萧红八岁时，母亲姜玉兰也因病去世。萧红在文章《感情的碎片》里说：“母亲并不十分爱我，但也总算是母亲。她病了三天了，是七月的末梢，许多医生来过了……但那最高的一个，他用银针在母亲的腿上刺了一下，他说：‘血流则生，不流则亡。’”果然，腿上的针眼处未曾淌血。萧红知道，这是母亲也要去了。

姜玉兰去世那天，是 1919 年 8 月 26 日。从姜玉兰发病到去世，前后不过一个月时间。大概是心血管之类的病症。萧红与母亲不亲近，姜玉兰的去世对她的打击远不及对父亲张廷举造成的伤害大。张廷举自幼丧母，少年时又被过继到叔伯家中，内心之凄楚不是旁人能够理解的。

姜玉兰与他夫妻数十年，感情甚笃。在他心里，姜玉兰大概是这世上与他最亲的人了。也因此，姜玉兰去世之后，张廷举性情大变，昔日寡言沉默的一个男子，忽然变得粗鲁又暴戾，待人待事都失去了耐心。包括膝下的子女，尤其是萧红。

父女二人不亲近，大抵跟那一句恶月恶日出生的“男杀父，女杀母”有些许关联吧。但逝者已逝，生者能做的也就只是冷眼往以后的日子看。看得深一些，远一点。

姜玉兰一死，张家连个操持家事的成年女人也没有了。这总是不行的。在亲友催促之下，姜玉兰身后百日，张廷举娶了第二任妻子梁亚兰。梁亚兰出身于呼兰的旗人名门大户。当地人管梁亚兰的父亲叫“梁三爷”，地位自然不一般。

梁亚兰出生于 1898 年，嫁给张廷举的时候只有二十二岁，年长萧红十三岁而已。婚礼是在 1919 年 12 月 15 日操办的。

姜玉兰嫁到张家之前，对张家的三个孩子就感到困扰。继母总是不好当的。虽然日后梁亚兰的妹妹梁静芝回顾这段往事的时候，一再强调梁亚兰待萧红好，恶言恶色皆不曾有，但萧红只是觉得，继母梁氏待自己只是“客气”，谈不上亲近。

萧红在文章《祖父死了的时候》中说：“这个母亲很客气，不打我，就是骂，也是指着桌子椅子来骂我。客气是越客气了，但是冷淡了，疏远了，生人一样。”各人说法不一，各有各的思虑。萧红本身也是有脾气的人，又很敏感。笔者猜想，梁亚兰应当是个温良的人吧？

人是何其复杂的动物。

有时候，疏淡和伤害是极其缓慢和隐蔽的。

# 04 | 伶 仃

在张家，萧红孤独。

孤独，也许是天性，但极大部分的原因还是世情。重男轻女的封建思想至今猖獗。更遑论萧红身处的时年。身为女子，总是悲怆。因着性别这样的缘故，她在张家并不受长辈喜爱。旁人也就算了，就连父亲张廷举待她，也是亏欠甚深。

她与父亲的关系极是冷淡，两人在家中几无可言。

原本父与女之间当有这世间最深之羁绊，深入身体的每一寸肌肤、每一根经络。而萧红与张廷举之间，所延承的竟只有骨子里的桀骜、敏感和执拗，甚至还有一些坏脾气。而这些天性使然的人格，对萧红的一生都产生了不可逆转的影响。她对每一段感情，每一次人生方向的抉择，都是其性之使然。

在张廷举眼中，萧红是个不经事、不解世情，甚至是不太吉利的人。可是，在一个女童或是少女的眼中，周遭的亲人和那个家，便是所有的“世情”，是一个孩童全部童年生涯的依赖。之于女儿来讲，父亲的一句话、一个眼神、一次拥抱或是背离以及待人待事的态度，都是深具意义和影响力的。

因此，在萧红的眼中，张廷举终究成了一个“失掉了人性”的父亲。她在《永久的憧憬和追求》中写道：“父亲常常为着贪婪而失掉了人性。他对待仆人，对待自己的儿女，以及对待我的祖父都是同样地吝啬而疏远，甚至于无情。……父亲打了我的时候，我就在祖父的房里，一直面向着窗子，从黄昏到深夜。”

好在她还有张维祯这个祖父。

她与母亲亦不亲近，她说她害怕母亲。

姜玉兰和张廷举原本应该是萧红人生当中至为重要的两个人。生身父母，本是指引子女人生走向的两盏灯。可属于萧红的灯，却是一盏一盏日渐暗淡，直至熄灭。但姜玉兰到底是生母，断然不能轻易说她不爱萧红，只是爱，较之旁人的母亲，要复杂得多，隐晦得多。

关于母亲的记忆，纵是深刻，容量也有限。姜玉兰陪伴萧红的时间，只不过短短八年。因此，对于母亲的诠释，萧红有了更多的可能性。不存在的那些将来，较之于烙刻在她童年的晦涩记忆，反倒显得美好许多。

在萧红眼中，母亲待她虽不似父亲冷漠，但也未见温柔。甚至，她觉得不比父亲好多少。在萧红笔下，父母的形象都是近似的严酷无爱。姜玉兰到底是封建体制内长成的女子，与成年萧红的进步思想自然格格不入，因此，她下笔回顾往事的时候，难免文字犀利。

她在《家族以外的人》里写过母亲打她的段落。说因为她偷偷拿了厨房的馒头，只有三个，便被母亲打。她爬上树躲着，母亲还追赶过来用“火叉子”戳她，划破了她的胳膊。《呼兰河传》里也有类似母亲用石头砸她的记叙。

当然，姜玉兰可能确如萧红所说，是个待她不好的恶言恶色的母亲。然而，萧红与母亲都已作古，往事琐细难以求证。萧红的描写是文学创作，与事实难免略有出入。这都是有可能的。

也可能，是笔者私心总对“母亲”二字深深怀有崇敬，实难确证地说姜玉兰“为母不善”。乡村、小镇的母亲，严酷的不少。可是谁人敢说，打骂过儿女的她们不爱膝下骨肉呢。多半，也是因学识、思想之局限，对儿女的教育方式不妥。

必然，重男轻女的思想，令旧时多数的女子都极不受宠，只把女儿粗糙将养着。更有可能的是，这些细碎又严酷的事发生在萧红尚小的年纪，姜玉兰又去世得早，她存留给萧红的印象连改善的机会也都没有了。

她与继母，用萧红的话说，是“生人”。

在家庭伦理的关系当中，继母的角色总是很难扮演。打不得，骂不得。亲近不得，疏淡不得。能够做到与之相敬如宾已非易事。在孩童心中，生母与继母的分别和界限总是被刻画得极其耀眼、夺目。仿佛当中有一道永不能逾越的沟壑。

不论继母好与不好，孩童见之，总要心惊。敢于去做的，大约也就是隔岸看着，冷淡疏离又小心翼翼地远观，生怕有半点闪失。“继母”这个词，在幼小的萧红心中，亦是如此。不可信，甚至是危险的。

虽然萧红也承认，继母梁亚兰不打她，甚至连骂也是婉转的。但是正因如此，她又产生了很是矛盾的心态，确信这是继母不愿与之亲近的表达。大约是缺失母爱的缘故，萧红笔下的母亲形象总是隐隐显露出一种尖刻与凶恶。

最令萧红憎恨的，是祖母。

祖母范氏本身便是深受封建思想荼毒的女子。在张家，重男轻女的思想，撇开社会风气，根基也在于祖母范氏。范氏育有三女，却只得一子。幼子又早早夭折。令范氏难以承受，生活无望。

过继的张廷举本是她在家中延续香火最大的希望。儿媳姜玉兰的第一胎在范氏心中的地位更是举足轻重。可出生的是萧红，生日又在恶月恶日。凡此种种，无一不成为范氏轻视萧红的理由。

在萧红的记忆当中，祖母甚至曾用线针扎过她的手指。无论有心抑或无意，这一帧画面都成了祖母在萧红心中最深刻的印象。最令萧红愤懑的，是祖母对祖父的凶恶态度。在萧红心中，祖母体弱多病，却凶狠专横。

她在《呼兰河传》里这样写道：

祖父一天到晚是闲着的，祖母什么工作也不分配给他。只有一件事，就是祖母的地椋上的摆设，有一套锡器，却总是祖父擦的。这可不知道是祖母派给他的，还是他自动的愿意工作，每当祖父一擦的时候，我就不高兴，一方面是不能领着我到后园里去玩了，另一方面祖父因此常常挨骂，祖母骂他懒，骂他擦的不干净。祖母一骂祖父的时候，就常常不知为什么连我也骂上。

即便祖父张维祯对萧红来说，是生命中最要紧、最亲密、待她最好的人，但他也避不开复杂的人性。张维祯未必是完人，他过于温厚，性情软弱，范氏又好强，家中里外大小事务多半都是范氏操持。时日长久，范氏必然对张维祯积怨甚深。

张维祯自知不如范氏雷厉，也不去阻拦。秉性温厚的张维祯不争、不辩、不抢，凡此一切看在范氏眼中，难免落得闲散懒弱之名。他是太温和了些，与其背负家族声名周旋于生计与内务，倒不如全权交由范氏，落得自在。得清闲，遭怨怼，也是人之常情。

世间人情物事，内里脉络总是复杂难解。哪怕是看同一个人，每个人的视角里，也都是一个与众不同的形象，心中种植的也是一个与众不同的故事。譬如，关于萧红的父母和祖母，各家族人各有思虑，讲出来的故事和萧红笔下所写的或许也有出入。

而今，这些已不是那么重要。

重要的是，在萧红的童年里，好在还有祖父。

那个叫作张维祯的老人。

# 05 | 羁 绊

每个人的童年都住着一盏灯。

于萧红而言，那一盏灯，便是祖父——张维祯。在她人生中极重要的那几年，他予她柔软，予她亲切，予她温暖，予她人世的信任与挂牵，予她步入自己人生路途的勇气，和真善的信念。他如同她的信仰一般。

张家大院建于 1908 年。占地面积不小，大小房屋共有三十间，分东院和西院。一如萧红所言，张家的经济条件是不差的。东院墙角有一爿菜园，园中种有花果菜蔬数十种。有樱桃，有李子；有晚香玉，有向日葵，有夜来香，有西番莲；有黄瓜，有西葫芦，有韭菜，有苞米；还有小桃红和玫瑰。

这个菜园，是萧红童年最常打发时间的去处，也就是她笔下写到的“童年后花园”。祖父平日无事，萧红也无甚可玩，便常跟着祖父去菜园，与花果菜蔬为伍。和祖父在一起，看一花一草和一瓜一蔬，看它们发芽、长大、成熟，成了萧红童年里全部的乐趣。一条虫，一只鸟，一片叶，一瓣花，她总要琢磨半天。

祖父常戴一顶草帽，在园中莳花弄草。那时，萧红便站在一旁，依样画葫芦，学着祖父的动作，翻土、播种、洒水。在萧红眼中，菜园便是她童年的旷野和山水。因这一爿地，她得以有了几年朴素纯真的生活。水寒江静，月明星疏。在遥远的北方，萧红的生命和智慧，从花树开始，从果树开始。

大自然的生命之奇趣，令萧红深为着迷。可惜，每年冬日，菜园总会被封闭。如此，萧红便没有了玩的去处。连祖父也只能在家中将日子荒废着。然而，她发现了另一处“乐园”。她的母亲姜玉兰的一个储物间，里面堆放了各式各样的物件。

在《呼兰河传》里，她说：“等我生来了，第一给了祖父无限的欢喜，等我长大了，祖父非常的爱我。使我觉得在这个世界上，有了祖父就够了。还怕什么呢？……何况又有后花园！后花园虽然让冰雪给封闭了，但是又发现了这储藏室。”

每一个物件的背后都藏着一些往事。有花色的丝线，有烟荷包，有碎布和衣领、裤脚、马蹄袖、搭腰。还有戒指和耳环。以及鹅毛扇子和旧朝的帽子。她在旧物当中寻摸时光印痕，把它们带给自己的新奇和趣味，交付于稀薄的记忆，成了一生的珍藏。

幼童的乐趣总是隐藏在一些被大人遗忘的角落。诸如：放学路上的一间废旧空荡的小屋；家宅背后一段野草蔓蔓的荒轨；邻家院外一个可以藏身又长满苔藓的空心水泥墩；或者，类似张家那间久久无人问津的储藏室。哪怕是一个人玩乐，也总能不亦乐乎地忘了时辰。

每每发现什么新奇又不明所以的玩意儿，她便跑到祖父跟前问这问那。她记得，曾有一日在那屋里发现一块颇为奇巧的木板，很是兴奋地拿着跑去询问祖父。祖父告诉她，那是印帖子的帖板，是家里开烧锅（酿酒作坊）的时候发帖子用的。祖父还特地用墨汁和西洋的颜色演示给她看。

还有一个红色玻璃灯笼。祖父为她擦拭干净之后，她耍玩了很久。有时候，那些翠绿的戒指、耳环，她看着新鲜，也想要拿去玩儿，母亲也会随着她。可见，姜玉兰并非穷凶极恶之人。毕竟是亲生骨肉，她待萧红，不会全然没有爱意。

祖母过世之后，萧红心疼祖父，怕祖父孤单，吵嚷着要搬去祖父的屋里住。是在那时候，祖父看孩子越发乖巧懂事了，于是，便开始教萧红识字读书。直至 1921 年，萧红入学读书。

那一年，她十岁。

萧红跟文字的缘分，追溯起来，大概也是从这个时候开始。每每祖父教她念《千家诗》的时候，她都极是兴奋。小小女童念起诗来，毫不含糊，底气很足，那声音洪亮得比祖父念得还要真切。祖父教她的《千家诗》，也是她最早的文学启蒙。

那时候，张维祯已是七十多岁，身体也越发不如从前硬朗了。祖父一丁点儿的不适，都让萧红感到心疼。萧红不知道，这叫“疼惜”。她疼惜祖父，一如祖父爱护她。

日后纵她离家南下千万里，故园的祖父都是她毕生的牵挂。活着，还是死去，都无法让祖父在她心里的位置偏离分毫。她的一生也都活在祖父的温良与和善的庇护指引之下。

她在《永远的憧憬和追求》里说：“（我）从祖父那里，知道了人生除掉了冰冷和憎恶而外，还有温暖和爱。所以我就向着这‘温暖’和‘爱’的方面，怀着永久的憧憬和追求。”

祖父是萧红的一盏灯。

照亮了她的童年。
照亮了她的年少无知。
照亮了她的世界里全部的黑暗。

她在旧物当中寻摸时光印痕，
把它们带给自己的新奇和趣味，
交付于稀薄的记忆，成了一生的珍藏。

不惧离散/只怕动情

# 贰

# 『今生你是一簇火焰』

# 06 | 春 惜

1919 年 5 月 4 日，五四运动爆发。

这一年，萧红八岁。进步思潮很快席卷中国，大东北地区也不例外。彼时，萧红的父亲张廷举三十一岁，正值而立之年，血气方刚。张廷举自幼读书便颇有天分，算是那一代的进步青年。他很懂得顺应潮流，对新思想接受很快。第二年，呼兰小城兴办女学的呼声越来越高，张廷举也参与其中。

1921 年，推动兴办女学的张廷举成为呼兰第一初高两级小学的校长。当时，呼兰小城共有三所小学，包括一所回族学校。另外两所，是萧红在《呼兰河传》里写到的两所学堂。一所是初级小学，因设在龙王庙内，所以也叫龙王庙小学。另一所是张廷举所在的学校。

1920 年夏天，萧红被送入龙王庙小学。时光那么漫长，却又仿佛等不及一般将她推入这凡俗尘世。念书固然是好，只是，文字的魔力那么深，她一个区区女童又哪里抵挡得住？眼界和智慧的宽阔，要么带来透彻，要么带来不安。

萧红，变成了后者。

那时候，也许因着家中那一处“后花园”的缘故，她迷恋大自然一切原始、朴素又深情款款的生命。她会常常笨拙地拿起纸笔涂涂画画，一只鸟或是一朵花都令她心旷神怡。然后等不及，想要拿回家给祖父看看。

因幼年受祖父教授过《千家诗》的缘故，小学时代的萧红除了绘画，最热爱的便是诗词。古诗词之美，总是令她心潮澎湃。从李白的《早发白帝城》到李商隐的《锦瑟》，从“两岸猿声啼不住，轻舟已过万重山”到“锦瑟无端五十弦，一弦一柱思华年”，每一个字句都令萧红痴迷不已。

后来，教育改革，本来春天入学的传统被颠覆，改为秋天入学。1924年秋，萧红在小学读书四年多，便考入呼兰县北关初高两级小学。因为学校在祖师庙，所以也被当地人称为“祖师庙小学”。学校换了，上学要走的路也长了。

据说，当时那条路上有个又大又深的泥水潭，校长的儿子就掉下去过。当时经此一事，多半的同学宁可绕道，走得远些，也不敢冒险。唯独萧红不同，她偏偏要跟几个强悍的男生一起，沿着这条路走。从泥水潭边，扶着墙板，一点一点挪步走过。

旁人不知道，彼时萧红那弱小的身体里藏着的这一点点勇气是从何处而来。大概连她自己也不甚清楚，这好强的个性当中到底隐藏着怎样的人生命数。她只是不管不顾，拖着并不健壮的身体，下意识便以一种决然又铿锵的姿态，一步一步往前走。

1925年，暑假之前。父亲张廷举将萧红转入呼兰县第一女子初高两级小学，原名南关劝学小学。学校素净，青砖灰瓦的房，木格子玻璃窗，萧红在这里读完了自己最后一年的小学学业。当年呼兰县学生联合会在西岗公园举行联合义演，有一出话剧叫《傲霜枝》，萧红扮演了一个贫苦的姑娘。

这年5月30日，“五卅惨案”发生。呼兰县中学联合会也发起了一系列游行、讲演、募捐的活动，支援上海工人和学生。萧红也参与其中。

1926年秋，萧红小学毕业。这一年，萧红十五岁。那时候，念书已是不容易，因此小学毕业的时候，萧红的年岁较之今日少年，要年长一些，已然是个日渐独立成熟的小女子了。虽是清素、质朴，却终究还是能寻得一点韵味了。

就像18世纪的简•奥斯汀。

虽已是五四革新之后的世界了，但能够做到小学毕业继续读书的女子却为数寥寥。多半都重返闺阁，习练女红，择良人而嫁。萧红不愿如此，她心心念念着的就只是读书这一桩事。书与文字令她得知了这世上无穷无尽不为人知的美。单凭这一点，她便不能放弃。

当时，呼兰只有一所县立中学，并且是男校。萧红想要进中学读书，必须去哈尔滨或是齐齐哈尔的黑龙江女子师范学校。至于费用，并不是问题。张家的条件是不差的。念书的费用对张家来讲，不过是九牛一毛。

一日，她向父亲张廷举表达了要继续读书的想法之后，遭到严厉拒绝。在当时的呼兰，张廷举算是思想较进步的男子了，但其进步思想也有局限。读书自然是好的，但他更倾向迎合俗世传统让女儿嫁人。萧红断然是不能同意的。

如此一来，萧红与父亲之间的间隙愈加明显了。有时候，最远的距离就是人心与人心之间的距离。隔阂这种东西，向来都是顽固的，犹如剧毒一般，一旦深入肌理和骨血，就难以清除，甚至是带有毁灭性的。会毁掉信任、毁掉希望、毁掉一颗心。

当时，继母梁亚兰正怀着她与张廷举的第二个孩子，本以为小学毕业的萧红能在此期间，帮她分担一些家务事。却不料她与父亲张廷举因为念书一事几乎反目，成日便是躲在家中看书，丝毫未能减轻梁亚兰的负担。

如此，萧红与继母梁亚兰之间的矛盾也愈加尖锐起来。长日累积，终是要撕破脸面的。没多久，萧红与梁亚兰便吵闹起来，一日又一日，仿佛无休无止。而父亲那一头，更是心如铁石，不曾有退让分毫的想法。这一段时间，延续半年有余。

期间，萧红心情抑郁。该何去何从？是忍一忍就这样草草将自己嫁掉，还是义无反顾誓死不休地奔将出去，逃往远方，以书为食呢？她不知道。萧红悒悒寡欢，日日不能安睡。要让她潦草过一生，她定是不甘心的。

萧红虽是初夏出生，但性情当中却未见几分温和，反倒藏匿着沉重的叛逆。她犹如一簇炽烫的火焰，热烈得常人无法亲近，却又分明是那么美。她的每一个眼神里都有日光一般热烈的红，哪怕灼伤自己，也不肯冷却。

最终，她病倒在床。

北方的冬季，天气暴戾。猛烈日光和狂啸的雪，覆没人间。

唯有祖父，为她周旋在家族当中，企图说服张廷举让萧红远行念书。但祖父人已老迈，说话分量大不如前。好在呼兰小城有座天主教堂，走投无路之际，萧红威胁父亲张廷举，若不让她上学，她便要横心去当修女。真是个顽烈固执又机敏的小女子。因此张廷举方才妥协，同意她远行。

也才有了萧红以后的人生。

# 07 | 离 草

1927 年，秋。

萧红离开了呼兰，考入哈尔滨东省特别区区立第一女子中学。是年，萧红十六岁。正值最好的碧玉时光，是真正的二八年华。人在这样的年岁，总是一颗心惴惴不安地向往未来。对前途，对城市，对爱情，对不可知的人生。

哈尔滨东省特别区区立第一女子中学，简称“东特女一中”，坐落在哈尔滨南岗区邮政街 135 号，以前叫“崇德女子中学”。创办人是区行政长官朱庆澜，校长叫孔焕书。当时，孔焕书是一名年近三十的独身女子。孔焕书其人很是传统，甚至思想有些封建。她治校严厉，规定学生在校必须穿校服，对学生的行动自由也做了很大程度的限制。

但毕竟社会风气已不似往日，还是有新式课程和思想进步的教师。当时，东特女一中最出名的便是走出了不少体育名将。包括孙桂云、王渊、吴梅仙和郭淑贤等人。也有楚图南这样的共产党人教书育人。教习萧红语文的王荫芬老师和教习她美术的高仰山老师对她影响最大。

王荫芬是鲁迅先生的拥趸，对鲁迅先生的作品至为推崇。因此，在王荫芬的教习之下，萧红方才有机会接触到包括鲁迅作品在内的新时期文学。但那时候萧红对绘画的热爱超过文学。跟随高仰山的时候，萧红学的是西画，也学篆刻和书法。或许她也曾想过未来以画笔来生活。

巧的是，美术老师高仰山也是鲁迅先生的读者。在萧红迷恋张资平和叶灵凤的言情小说时，高仰山给了她不少的阅读建议。也如王荫芬一般，鼓励萧红多读鲁迅先生的作品，以及莎士比亚、歌德等西方大家的经典之书。

不是言情小说不可读，只是时代不同。身为一个知识青年，关注的理应不只儿女情长的小情小调。后来，大约内心的暗涌和潮动累积到呼之欲出的程度了，萧红慢慢开始写作。并且写得颇好。沿用多年的笔名“悄吟”也是从那个时期开始的。

在东特女一中，萧红便以“悄吟”的笔名在校刊上发表过一首题为《吉林之游》的小诗。那时候，生活尚算安稳。读书，写诗，作画，校园生活很是温静美好。只是，旧年黑暗阴沉，时时有阴霾压身，岁月尽是坎坷，小小你我哪里抵挡得住时光洪流。

1927 年 6 月，张学良承认张作霖与日本秘密签订《满蒙新五路协约》的消息传出之后，舆论哗然。东北民众掀起了一阵反日大潮。哈尔滨各大、中学校成立了“哈尔滨学生保路联合会”。

11 月 7 日，哈尔滨学生保路联合会向各学校下发通知，决定次日罢课。但当局并不支持，通令各学校禁止停课，并要劝阻学生上街游行。东特女一中校长孔焕书应承了指令，但消息哪里能封锁得住。

11 月 9 日，街上声声巨响，如雷如电。学生们群情激奋，不管不顾，砸门上街。那时，萧红年轻，一颗心热烈。世间的事，仿佛都是与她紧密相关的。她拉上女友徐淑娟，愤愤然与一群男生走上街去。大时代之下，她虽弱小，却是勇者。阵阵呐喊之中，她仿佛也渐渐看清了自己的未来，自己的心。

街上，是数以千计的学生在表达愤怒。

这便是著名的“一一•九反帝保路爱国运动”。

之后，萧红的女友徐淑娟转校，而萧红的心情却始终不能平复。当时，她便与同学商量，晚自习后去学校附近的中长铁路护路军司令部贴反日标语。一人放哨，一人行动。如此持续近半月时间。校长孔焕书得知此事之后，决定惩处萧红，要将她开除。

虽此事最终结论不可考，但学时没有结束的时候，萧红已回呼兰。此时，张廷举再看女儿，忧虑更胜往日。一来，女儿的性子辛辣又桀骜。二来，慕名来找萧红的进步学生很多，来往的男同学也不在少数。这些都令张廷举很是焦急。

当时，张廷举已出任黑龙江省教育厅秘书。在教育界，也算是有脸面的人。萧红的一举一动都会对他的仕途造成影响。有损张家门风、有损张廷举脸面的事情，他是断然不能允许的。而萧红年岁亦已不小，在张廷举心中，对萧红最好的出路便是嫁人。也是在这个时候，张廷举开始暗自托人为萧红寻觅婆家。

那些焦灼的下午，以及阒寂深夜，她会坐在椅子上伏身在那张油光的旧桌边，想着回到学校之后的生活。动荡难安或是静好安稳，都不是重要的。重要的，是她能够回去，继续读书。

次年春，萧红返校。

# 08 | 六 月

生死天定。

每有老人去世，哭裂了心的多半是子女。身体发肤，受之父母。父母之恩情深重如山，并不难理解。孙辈的人，多半与老人亲近不够。但也总还是有自幼父母奔波在外，将孩子丢给老人教养的人在。如此一来，老人去世，伤心的人，就不同了。

一如萧红与祖父。

那是一种近似于相依为命的羁绊。

1928 年，祖父张维祯 79 岁。已是长寿的年纪了。只是，人老了，身体也就渐渐坏掉了。是年，张维祯的记性大不如前，甚至是有些糊涂了，身体上也总会不舒服。外面的大世界，已是乱糟糟的无常。之于萧红而言，在这小家里，祖父身体一坏，家也就日渐颓丧了。

说得准确一些，是她对家的顾念要更淡一些薄一些。毕竟，在张家，萧红唯一顾念的人也就只是祖父罢了。张廷举也算是孝顺，这一年3月15日，张廷举为养父操办了八十岁的寿辰。那时候，生日总按虚岁来过，尤其是大寿。

祖父寿辰，是萧红人生中的一件大事。她是必定要赶回呼兰的。可那一趟，竟是她与祖父最后相聚的时光。尚未入门，便听弟弟在房里嚷，说是大姐回家了。萧红一进屋，见老祖父脸色惨白，她就知道事情不好了。后来她才知道，前几日，祖父摔了一跤。

春时，萧红返校之前祖父身体便已经坏掉。那时候，她便常常伏在祖父床边，祖父睡着后她便嘤嘤地哭。她说："好象祖父已经离开我死去似的，一面哭着一面抬头看他凹陷的嘴唇。我若死掉祖父，就死掉我一生最重要的一个人，好象他死了就把人间一切'爱'和'温暖'带得空空虚虚。"

如何舍得祖父走，这是她想也不敢去想的事。

祖父的寿宴办得风风光光，很有排场。当时，黑龙江省"剿匪"总司令、东北陆军十二旅中将旅长马占山和上校骑兵团团长王廷兰以及呼兰县长廖飞鹏等人都前来祝寿。马占山还特地准备了一块题为"康疆逢吉"的牌匾相赠。也是他提议，将张家大院所在的英顺胡同更名为"长寿胡同"。

寿宴结束的几日后，萧红不得不再次返校。虽然祖父已是病体残躯，但学业也不是随意就放得下的。那时候，她隐隐也知道，有些事情早晚都要来的。生老病死，谁也躲不掉。但也只是这样想想罢了。想象与经历，永远无法同日而语。

1929 年，6 月。萧红接到了祖父病危的消息。坐火车，再坐马车，她才能抵家。夜里呼啸的北风肆意刮过她的身体，她也浑然无觉。痛的，只是心上那方寸的地方。一点一点，愈加剧烈，仿佛要撕碎她一般。

她惶恐、害怕。从来没有一个时刻让她觉得自己这样脆弱过。即便后来与萧军分开，那痛彻心扉的感觉也是完全两样的。在祖父这件事上，她是真正几乎断了生的念头一般的绝望。跳下马车，眼看就到张家大院的时候，她终于承认，一切都来不及了。

屋前的白幡。
门上的白对联。
悲怆苍凉的喇叭声。
还有，那地狱似的阵阵哭号。

所有，都在一点一点击碎并瓦解着萧红心中的那一盏灯。萧红看着愔愔躺在堂屋床板上的老祖父，一语不发，眼神也刹那变得空洞了。她如同被榨干灵魂一般，行尸走肉似的呆呆立在那里，也是一动不动。世事再喧嚣，苦难再深重，在那一刻，都抵不过萧红心中疼痛之万一。

终于，她一头扑过去，失声痛哭。

仿佛要哭碎肉体，哭出灵魂来。

祖父死了。这世上，之于萧红，还剩下什么呢？她不知道。日后连回忆祖父下笔去写的勇气都仿佛不再足够。只那一篇《祖父死了的时候》，便知道萧红是耗尽了多少旧时光的温柔，方才能够正视那历历在目的伤楚。

她说，祖父死了的时候："我懂得的尽是些偏僻的人生，我想世间死了祖父，就没有再同情我的人了，世间死了祖父，剩下的尽是些凶残的人了。我饮了酒，回想，幻想……以后我必须不要家，到广大的人群中去，但我在玫瑰树下颤怵了，人群中没有我的祖父。所以我哭着，整个祖父死的时候我哭着。"

祖父走了，但张家还在。只是属于萧红的那个家，随祖父一起殁了。张维祯去世的时候，正值夏暑天气。好热的天，萧红却只觉得绝望与冷。那一种冷，是寒冰霜雪亦无法造就的。世间最痛的，大概就是最疼自己的那个人，不在了。永永远远地不在了。

可是，如今她又能做什么呢？

纵是她有一支生花妙笔，也写不出祖父还在她身旁的那个未来了。远路漫漫，她一双眼却仿佛被往事浸得分不清天与地、分不清喜乐与哀伤。她总觉着，前头一直将有个老人引着她，缓步走，还说着旧时挂在嘴边的那句话："到院子去玩玩吧！"

萧红不得不明白：

余生，她只能孤独一人。
跟岁月借一支烟，一路抽一路走了。

# 09 | 桃红

祖父去世那年，萧红遇见了生命里第一个男人。

汪恩甲。

旧时男婚女嫁，都是父母之命、媒妁之言。但萧红成长的民国时期，有人守旧亦有人不似从前。时代与人终究都是要往前走，要进步的。对爱情自由之崇尚，是萧红此生至为重要的一件事情。也因此，她与汪恩甲之间，注定无法善始善终。

早前，父亲张廷举瞒着萧红，请萧红的六叔张廷献为她保媒，张罗了一门亲事。对象便是汪家的二公子汪恩甲。汪家家境殷实，祖辈是富商、地主。汪恩甲其人，姿容俊好，倜傥风流，看上去也算是个不错的男子。萧红得知此事之后，虽是有抵触，倒也不至于逆反。

毕竟，那时候，女子十八九岁也确是到了婚嫁的年纪了。加之，当时东特女一中的女学生之间有一种观念，若是能与政法大学的男生在一起是一件颇为荣耀的事。而汪恩甲又恰巧就读于政法大学的夜校。如此一来，萧红也的确曾尝试与之交往。

1929 年 1 月，萧红与汪恩甲订婚。

据萧红当时的同窗刘俊民说，萧红还为汪恩甲织过毛衣。起初有那么一段时间，汪恩甲之于萧红，算是爱重之人。只是，时间久了，两人了解愈加深入，事情就变得不似昔日看上去那般美满了。到底是富家公子，汪恩甲的身上也有浓重的纨绔习气。

甚至，还有抽大烟的恶习。

彼时，萧红身边不乏进步男青年。而她又是个理想主义的女子，对自己人生的要求是严苛的。情之初动的时刻，更会时时盼着身边的男子是世间最好的，与自己最相衬的。怕是半点瑕疵也难以容得下。终于，萧红开始疏远汪恩甲，并萌生退婚之念。

自然，这是后来的事。

当时，在学生运动的活跃分子中，有一个叫陆哲舜的已婚男子跟萧红过往甚密。大概与他说话，萧红会觉得亲近些。在这世上，最难遇到的是了解。陆哲舜思想进步，他了解萧红，惜爱萧红。而这些，是汪恩甲所不能给予的。

可惜，不久之后，陆哲舜离开了哈尔滨，去了北平的中国大学深造。中国大学，初名“国民大学”，1917年改名“中国大学”，是孙中山等人为培养民主革命人才而创办的。该校于1913年4月13日正式开学，1949年停办，历时36年。

北平是文化中心，萧红亦是心向往之。

1930年，春。萧红放假归家，跟父亲表达了初中毕业之后也要去北平续读高中的想法。但一如三年前小学毕业时的景况，萧红遭到父亲拒绝。当年她十六岁，也许在张廷举心中觉之尚有几年光景可以耽搁。但如今，她已是十九岁的成年女子了。长女不嫁，这令张廷举面上无光。

在他心中，女子出嫁才是要紧事。绝不能被耽误。

陆哲舜的存在，终究是隐瞒不住的。后来，为汪恩甲与萧红保媒的六叔张廷献得知了此人，深以为耻。张、汪两家唯恐再出什么岔子，便急忙开始置办两人的结婚事宜。两家长辈都想着，唯有两人尽快完婚，萧红方才能够定下心来，与汪恩甲安守呼兰。

但萧红不允，可又无计可施。最无奈时，只好说谎脱身。谎称愿意完婚，拿到了家里替她置办嫁妆的钱。那时候，萧红迷惘踌躇，幸好身边有鲁迅先生的《伤逝》和易卜生的《娜拉》。逃婚去北平，不是小事。纵是离开了，以何为生计呢？

能联系到的几个贴心女友都是进步青年，她们鼓励萧红说，可以写作，可以卖文为生。听上去，再理想不过了。是，写作是她最出众的才华，可她也在恍惚中怀疑过自己。人生所有的道路，都是一步一步走出来的。走过的，才算人生。

经陆哲舜好友兼萧红同乡李洁吾之手，萧红联系上了陆哲舜。之后，陆哲舜便为萧红在北平安排了住处。萧红抵达北平之后，两人住在了一起。是在二龙坑西巷的一间小院，二人分屋而居。因此，这与“同居”的意义并不相同，他们之间更像是室友。而此时已是1930年的秋天了。

安居之后，不少好友都曾前来看望。当初，帮助萧红离开呼兰的李洁吾更是来往得殷切。李洁吾曾写过一篇题为《萧红在北京的时候》的文章，在李洁吾心中，萧红是这样一名女子：

她，不轻易谈笑，不轻易谈自己，也不轻易暴露自己的内心；她的面部表情总是很冷漠的，但又现出一点天真和稚气；她的眉宇间，时常流露出东北姑娘所特有的那种刚烈、豪爽的气概，给人一种凛然不可侵犯的庄严感；

她有时也笑，笑得是那样爽朗，可是当别人的笑声还在抑制不住的时候，她却突然地止住了，再看时，她的脑子似乎又被别的东西所占据而进入了沉思；

她走路很快，说到哪里去，拔腿就走；她走路总爱抢在同行人的前面，一直走去，从不回头，经常使我们落在后边的人，望着她的背影，看她走路的样子发笑；

她没有一点矫揉作态的女人气，总是以一个“大”的姿态和别人站在平等的地位上；她的感情丰富而深沉，思想锐敏并有独立的见解；她富于理想，耽于幻想，总好像时时沉迷在自己的向往之中，还有些任性。这，大概就是她的弱点吧！

念高中的事，是陆哲舜为萧红找的担保人，她才得以顺利进入位于劈柴胡同的国立北平女子师范大学附属女一中高中部就读。而萧红与陆哲舜之间的关系，也日渐发生了微妙的变化。说是爱呢，却也并非那样笃定。

后来，陆哲舜因为萧红向家中提出过离婚的要求，但并未如愿。反而令家中震怒，断了陆哲舜的经济供给。不多久，陆哲舜便向家中妥协了。这之于萧红而言，亦是逼迫她断绝了自己的路。可人生原本就只是自己的，指望旁人，永远都是不可靠的。

1931 年 1 月，萧红与陆哲舜双双离开北平，回到哈尔滨。走的时候，北平下了那一年的第一场大雪。天地皑皑，泫然一片。可纵是有千鲞万难在前，她又实在不能就这样放下自己，任之飘零。

这不是她想要的人生。

# 10 | 喑哑

汪恩甲是爱萧红的。

爱是一个人的事，但爱情是两个人的。纵是被萧红离弃多次，汪恩甲依然对其穷追不舍。他也算是好有眼光的男子了，知道萧红与寻常女子不同，她刚毅，她热烈，她不退缩，她亦不妥协。可恍惚之间，不禁又想，也可能，萧红如此这般，令汪恩甲如鲠在喉，不得到不罢休？

她想念书，不想嫁人。

他却只想娶她回家。

不如一起去北平吧。大约萧红也曾想过，是否要对他说出这样的话。她当然不是舍不下他，她只是需要一笔钱。可是不能偷、不能抢、不能取之无道，能做的就只有找她那个并不打算嫁之的未婚夫汪恩甲了。但她知道，今日今时，世上无人可依靠。因此，她还是打算再熬一熬，忍一忍。

第二次去北平时，萧红孤身一人。

好在汪恩甲不久之后追赶至北平。他四处打探，一得知萧红的住处便风尘仆仆赶去。彼时，萧红正与前来看望的李洁吾闲谈，忽听有人来找倒也不惊亦无扰。她心中有数，大约知道来者是何人。汪恩甲再见萧红，已是百感交集。

他是那样惜爱她，却又没有丝毫的办法可以带走她。竟只能像陌生人一般生硬地闯入她的生活，立在一边，沉默地看着她。萧红也不赶他走，还向李洁吾介绍了汪恩甲。本也无仇无恨，只是不爱他罢了。

后来，汪恩甲留在北平陪伴了萧红一段时光。没有人知道他们之间发生了什么，只是忽然有一天，萧红仿佛真的放弃了，告别了友人，说要与汪恩甲一起离开北平，再次返回呼兰。是真的走投无路了吧，连汪恩甲随身带的钱也用尽了。安身北平已无可能，可是命还在，岁月还长，她今下能做的就只有等待。

1931 年 3 月，萧红抵达哈尔滨。几日之后，回到呼兰。

这一次，萧红面对的是前所未有的羞辱。她的事情在呼兰小城传了个遍，每个人都知道呼兰张家的大女儿是怎样怎样忤逆不孝，是如何如何放浪不羁，是怎么怎么与野男人“私奔”。连同父亲张廷举的名声，也被萧红在外的风言风语败损了去。张家上下，人人都待她如敝屣。甚至，同胞的弟弟，也因为萧红在学堂里受尽讥讽。

为了约束萧红，常年在外忙生意的张廷举将全家都接到了阿城的福昌号屯。这里交通不便，距离阿城县城有数十里地。福昌号屯是一个典型的地主庄园，所在村落的四周有壕沟环绕，昼夜都有人放哨。虽也是在家，但对萧红来说，如同身陷囹圄。

苦闷，困顿。

在无休止的流言蜚语以及和家人的争吵之中，萧红被软禁在家长达半年之久。直到“九・一八”事变爆发。1931 年 9 月 18 日夜，盘踞在东北的日本关东军独立守备队第二大队第三中队——柳条湖分遣队的几名士兵，在队长河本末守的带领下，按照计划于 10 时 20 分炸毁了沈阳北郊距中国驻军北大营不远的柳条湖附近的南满铁路路段。

事后，日方反诬北大营的中国士兵炸毁铁路，随即便向北大营的中国驻军发动袭击。驻守北大营的第七旅官兵被迫自卫反击。但当局下发“全取不抵抗主义”的命令，令众将士无奈突围，放弃了北大营。与此同时，日军进攻沈阳。一夜之间，沈阳沦陷。

不久，战火便延绵至黑龙江。

用前人的话说，是“历史的急剧动荡，为萧红撕开了一个逃遁（封建压迫）的文化裂隙”。所有的人都处在惊恐失措的状态当中，福昌号屯的人也不例外。张家上下亦忐忑不安，家家都在计划着疏散妇孺、避战保命。

是年，10月4日。萧红乘乱逃离。搭上了一辆去阿城县城送菜的马车。抵达阿城之后，萧红旋即便奔往火车站，坐上了去往哈尔滨的火车。离开的时候，萧红只有最简单的行李，穿着一件阴丹士林的蓝色长衫。

自此，萧红余生再未踏足故乡，再未回到呼兰。

一个人与一座城市，有时候亲密如恋人，街角张贴的一幅画都能拉扯出与你有关的一段往事，提醒你昔日的情痴。有时候又疏离似路人，巷口熄灭的一截烟都是一种沉默的讽刺，告知你孤独的恣肆和人性的自私。

那段时光，那座城，仿佛只她一人，失所流离。似是运命故意要她尽早地体会这人世最深重的苦难。找过故人，找过亲友，找过希望。然后，她终于知道，原来要在这世上好好活着，竟是那么艰难。纵然她心中有再远大的志向，也敌不过无饭可食、无衣可穿、无家可归。不，是有家而不能回。

她宁死也要与那个家划清界限。

后来，她听到马占山率军拼死抵抗日军的事迹，猛然之间，心头悲怆。往事历历在目。她依然记得，那年他参加祖父寿辰时的飒爽英姿。她又想到了汪恩甲。汪家与马占山来往密切，她开始觉着，汪家人大抵都不会太坏。这也是萧红在往后的许多年里都不曾说过汪家人半句不是的缘故吧。

哪怕，汪恩甲终是负了她。

好在，在萧红难以维持生计的时候，汪恩甲救了她。能在哈尔滨重遇汪恩甲，是不容易的。有人讲，是萧红无路可走之时寻得汪恩甲救助。也有人讲，是汪恩甲仍旧放不下萧红，在哈尔滨的街头寻到了她。往事难寻，终归他们是重逢了。

“重逢”一词或许用得感性了些、郑重了些。说到底，他们终究也未能结成夫妻。再见面时，汪恩甲已不能将萧红带回家，汪家人大约还是恨极了萧红的。可是，汪恩甲跌撞一路，他也已走至今日。他是真的不甘心就此放下。当然，萧红之于他而言，或许还有另一层难以启齿的寓意。

未曾得到的都会当作最好的。
无法拥有的都是难以抵挡的。

期间，在哈尔滨东特女二中，堂妹张秀珉曾收留过萧红，在堂妹的斡旋之下，萧红也曾在东特女二中插班念过一段时间书。但不多久，她便不告而别。因为汪恩甲终于得到了她。此时，萧红已知道自己怀有身孕。自知以后不便再搅扰堂妹，方才匆匆离去。

1931 年十一二月的时候，萧红随汪恩甲一起，来到了哈尔滨道外十六道街。跟汪恩甲在一起，住进了那座巴洛克风格的建筑。一家叫作“东兴顺”的旅店。

这一年，萧红二十岁。

余生，她只能孤独一人。
跟岁月借一支烟，一路抽一路走了。

不惧离散/只怕动情

# 叁

# 『今生你是一道电光』

# 11 | 囚鹿

东兴顺旅店，一座巴洛克式的二层楼房。

萧红在此居住数月。是从这里，萧红开始了她作为一名新时期独立女性真正意义上的颠沛流离。她仿佛是一只猫在旅行，从一家旅店开始了自己的流浪旅程。有时候一个人，有时候两个人，有时候一群人。但说到底，她只是一个人。

在东兴顺的时候，有过那么一小段安逸时光。校园是彻底告别，永不能再回了。爱情，似乎也是遥遥无期。好歹身边还有那么一个人，对待自己看上去仿佛足够真心。不过，也只是看上去而已。

汪家颇有资财，但汪恩甲上有长兄汪大澄，他自己所能掌控的经济来源非常有限。所谓长兄如父，家中大小诸事皆是由汪大澄一人操持，包括汪恩甲在哈尔滨读夜校时的全部费用。好在当时汪恩甲是哈尔滨道外三育小学的教员。他与萧红在东兴顺的全部费用，皆来自于此。

东兴顺的老板与汪家有交情。起先，对待二人也客气。茶水、被褥、卫生、吃食，都算周全。只是，汪恩甲经济来源有限，要养活自己和怀孕的萧红并不容易。好景不长，汪恩甲便开始向旅店赊账。此一时彼一时，不久，旅店上下对汪萧二人甚是不悦。汪恩甲无奈，只能回老家取钱。

临行时，萧红也不曾料想，事情会变得太坏。可是，汪恩甲迟迟未归，旅店老板又要钱要得紧。萧红便拖着沉重的身体去了一趟汪恩甲的老家顾乡屯。却不料刚一进门，便被汪家的人轰赶出来。汪大澄还出面，说要代汪恩甲解除婚约。

对萧红来讲，这是莫大的羞辱。

原本这桩婚事，她便不认同、不甘愿。当年，汪家老人过世，萧红甚至还曾为汪家披麻戴孝，这些萧红并不计较，令她恼怒的是，汪家人否定了她腹中的骨肉。或许她从未钟情于汪恩甲，从私心上来讲，直至今时今日她也不能说自己爱过他，哪怕说而今与之同居是为了报答汪恩甲的一片痴心和难中救济，都没有关系。

可是孩子尚未出世，便遭此大辱，断断不能。

一气之下，萧红将汪家人告上了法庭。即便解除婚约，也是她与汪恩甲之间的事情。萧红素来不能忍受旁人操控自己的人生，连父亲张廷举亦不能，更遑论与她形如陌路的汪大澄。只是，无奈汪恩甲怯懦，在长兄几次三番的要挟之下，法庭上他竟背叛了萧红，说长兄并未“代弟休妻”，解除婚约是自己的意思。

萧红败诉。

经此一事，张家人颜面尽失，人人都对萧红避之不及。张家老人们对萧红更是不能容忍，最后众人商议，将萧红开除祖籍。昔日，是她不要那个家，今时，是那个家弃绝了她。她也不遗憾，也不伤心，也不哀怨。骨子里的硬气，有时，对人对己，都是一种成全。

离开法院，萧红无处可去，只有回到旅店。汪恩甲追出来，萧红不理不顾。汪恩甲几番解释，萧红皆不上心。大抵是一些无可奈何但心系萧红之类的托词，不过都已不再重要。原本，她也不曾在汪恩甲的身上寄托过什么，指望过什么。

她只是在熬，在等。

等孩子出生，等一个际遇，等她的未来。

1932 年 5 月。萧红与汪恩甲在东兴顺居住已半年时间，欠下旅店 400 多元。当时，一斤大米不过三四分钱，400 多元实在是一笔不小的数目。对没有经济来源的萧红和收入十分微薄的汪恩甲来说，几乎是无力偿还的程度。此时，旅店对二人已不留任何情面，日日催要欠款。

不久，汪恩甲动了邪念。

没几日，汪恩甲再次以回老家要钱为由，只身离开了东兴顺。从此，一去不回，下落不明。其实，萧红明白，他早晚都是会弃离自己的。自法院一事，她愈加笃定，自己与汪恩甲之间，已到了时日无多的地步。早一日，晚一日，并无什么不同。

汪恩甲走了。但日子还要过下去。

有人说，这个阶段，萧红甚至曾经上街乞讨过。听之令人震惊，震惊之余心下泫然。也是在与汪恩甲同居的时候，萧红染上了抽大烟的习惯。她对人生、对世界，始终充满了热情。那样热爱生活的一个女子，却从未被生活怜惜。世间，当真是从来就没有公允这回事的吧。

旅店老板见汪恩甲一去不返，对萧红是百般折磨。还派人日夜监视看管，唯恐萧红外逃。更扬言，若是萧红再不能还清欠款，就将她卖到妓院。那时候，萧红是真正意义上的无依无靠、困愁绝城。时至今日，依然难以想象，当初，她是以怎样的心志熬过那段时日的。

好在旅店有报纸，她可以翻阅。

这是在她不出旅店的前提下仅有的自由了。当时，萧红一直是《国际协报》和《东三省商报》的读者。尤其是《国际协报》副刊，对萧红来说，是她唯一可汲取的文艺养分。萧红还曾以“悄吟”的笔名投过稿。虽然没有被录用，但“悄吟”的名字还是给编辑留下了印象。

在旅店老板威胁要将萧红卖到妓院的时候，萧红知道无论如何，东兴顺是不能再待了。于是她灵机一动，决定写信去《国际协报》求救。1932 年 7

月9日，萧红向《国际协报》副刊主编裴馨园寄出了一封十万火急的求救信。

《国际协报》创刊于1918年8月1日，当时创刊地点在吉林长春。次年11月10日，迁徙至哈尔滨。创办人、社长兼主笔，叫作张复生。报社位于哈尔滨道外北七道街路西，后又迁至道里新城大街五道街口。

1931年12月23日，因国民党在哈机构关闭，要员南下，《国际协报》暂时停刊。1932年3月7日，复刊。而《国际协报》副刊是当时东北地区一块很重要的文艺阵地。也是复刊这日，裴馨园才开始担任《国际协报》的副刊编辑。

7月10日，裴馨园收到了署名“悄吟”的信。萧红在信中，将自己的困境一一陈述，并请求报刊的编辑先生能够施以援手，设法帮她摆脱困境。见信中所述情状，裴馨园对“悄吟”之事十分重视。当即，便与同事们开始商议。

7月11日，时刻陷入将被贩卖的惶恐之中的萧红，按捺不住心中焦虑，直接给裴馨园打了电话，请求救援。当下，裴馨园便与几名同事一起，乘车直奔道外十六道街。那个年代不似今日，报纸杂志是唯一的舆论平台，很受重视。旅店的人见他们都是报馆的人，不敢得罪。

萧红住的是一间形如废弃的储藏间。只有一张床，一些旧报纸和一个旧损的柳条行李箱。裴馨园向萧红亮明身份并说明来意，其实他们的经济都不宽裕，要替萧红还清债务救她出去并不容易。不过，离开之前，裴馨园等人还是好生安慰了萧红，并对旅店略做了打点。

7月12日，萧红又给裴馨园打电话，但裴馨园不在。接电话的人是萧军，萧军为人狷介直爽，心知自己没有能力，也不对萧红做客套的寒暄、虚伪的抚慰，便匆匆挂断了电话。下午，裴馨园便与舒群等人看望了萧红。

7月13日，萧红再次给报社打去电话，向报社借阅几本文艺书籍。因被旅店监禁，萧红没有外出自由，只能请求报社派人将书送来。恰巧接电话时，萧军也在身旁。于是，裴馨园便委托萧军携书前往，并附上了一封宽慰萧红的亲笔信。萧军到旅馆后，只见眼前的苍白女子令人心痛。

萧军恨不能立刻转身便走。

但萧红说：

“能坐下来谈一会吗？”

直到此时，他才出现。

靠近旅店。
靠近这个女子。
靠近她的人生和心。

# 12 | 深 蓝

萧军。

本名刘鸿霖。1907 年 7 月 3 日出生于辽宁西部一个叫下碾盘的山村。从山中走出的男子，常有一种纯真和灵气，并且清冷、强硬，难以驯服。萧军如是。也许是自幼受父亲男权思想的影响，萧军是一个作风耿直并且强势的男子，因此常与人发生冲突。

但萧军热爱文艺，也许是受文艺作品的影响，那一种强硬的气场在他身上，更多的是表现出一种侠义之气。对人对事，但凭良心。在这世上，人的品格永远比金钱、才华及其他一切要重要得多。

1917 年冬，萧军十岁，被亲戚接到长春，进入吉林商埠国民高等小学读书，因与体育教员发生争执，被开除。1925 年春，萧军十八岁，入吉林军阀部队

34 团骑兵营当兵，也是在这个时候，萧军接触了新闻学，读到了鲁迅等人的作品。

1927 年，改名刘羽捷，以出众的成绩考入了“东北陆军讲武堂”所属“宪兵教练处”。1928 年，又以优异的成绩毕业，并被分派到哈尔滨开始实习工作。不久，因自己与宪兵生活的腐败作风格格不入，自动离职。

1928 年冬，再次改名为刘慰天，考入“东北陆军讲武堂”第九期炮兵科。后又因与一名步兵队长发生冲突，被开除。1929 年 5 月 11 日，在沈阳的《盛京时报》副刊上，发表了处女作《懦……》，笔名为酡颜三郎。不久，萧军投身驻守长春的东北军第 24 旅，担任准尉见习官，并结识了共产党人方未艾等人。

“九·一八”之后，受方未艾之邀，萧军到吉林舒兰计划组织义勇军。但最终计划失败，萧军、方未艾等人被押解出境。到了哈尔滨之后，萧军为冯占海的抗日部队做联络工作，并以文学写作宣传抗日。1932 年 5 月，萧军将妻子和两个女儿送回老家，并写信劝嘱，说自己投身抗日，生死天定，妻子无须等待，如遇良人，可嫁之。

萧军是个军人。他有军人身上惯有的那一种勇猛、无畏之男子气概。而他自幼习武，又擅艺文，是真正的文武双全。如斯男子，纵是时运不济、岁月斑驳，再落魄，也都是风流的。

1932 年 7 月 13 日。他与萧红，黄昏初见。

他敲了敲门，没有人应。又敲了两下，门才打开。在他面前，是一个长发披肩的憔悴女子。可那憔悴当中，又隐隐透露出一种坚毅，或者说光明。有一种女人，便是如此，一眼看过去，便有无限的冲击力，令你不能不看入心，不得不跌坠进她的吸引力里。

“你找谁？”

“张迺莹。”

屋里尽是霉味，满目颓败之象令萧军失措。如果她不留他，他大概便也走了。可她留了留他。虽然灯光很暗，但他依然看得出她身上那一件褪色的阴丹士林的蓝色长衫。小腿裸露在外。三千青丝及肩，而当中那几根白发好晃眼，看得人心碎。终于，他迈开步伐，向她走近。一步便是一生。走过去，便不回头。

萧军坐下来，把书放在桌上，萧红接过他手中的信，仔细阅读起来。他们没有说话。那片刻的沉默当中，他与她之间酝酿着的是彼此都未曾预料到的情之暗涌。那是一种缓慢流动着的、深蓝色的、有青草香气的、宁静的声息。

终于，萧红说话了：“你是三郎先生？”

这一开始，便不能结束了。他们聊画、聊书法、聊诗词、聊小说、聊人生。也谈到死。这对萧红来说，是从来没有过的，从来没有一个男子，能像面前的这个人一般，了解她、懂她，甚至看透她。世间所有相遇，都是久别重逢。大约三生三世前，他们早已携手走过许多路。

今世，翻越万水千山，才又相见。

那时候，萧军很穷。

那日，他们聊得很多，聊到很晚，谁也不愿停下来，谁也不愿意浪费片刻。萧军几次三番，都好想拥抱眼前的这个女子，却又怕轻薄了她的一身清正。临走前，萧军看看桌上用纸片盖着的半碗高粱米饭，将身上仅有的五角钱拿出来，放在了桌上。

这是他们的初见。最好的初见。

第二天，萧军再次来到东兴顺。极有默契地，她想要他留下来，他也没有再离开。相爱，如此迅速。快得来不及思虑过去和将来。那一刻，世间一切都抵不过他们的抵死缠绵。那一夜，既漫长又短暂。仿佛跨越前世今生一般，矜重如生，郑重如死。

那时，她与他贫穷，却又至为富有。就像艾伦•金斯伯格的《嚎叫》里写的那般："他们贫穷、衣衫褴褛、双目深陷、头脑昏然地坐在只有冷水的公寓中。在鬼蜮般的黑暗里抽烟。飘过城市上空，冥思爵士乐章。彻夜不眠。"

萧军在小说《烛心》当中写到了这件事，他说："我们不过是两夜十二个钟点，什么全有了。在他们那认为是爱之历程上不可或缺的隆典——我们呢全有了。轻快而又敏捷，加倍地做过了，并且他们所不能做，所不想做的，也会被我们做了……"

世间最玄秘难测的，就是爱。

可是，萧军是个天性自由的人。自由是什么呢？私以为，只有在不自由中，自由才能作为一种可能得以存在。可萧红呢，在这以前从未体尝爱之真味。如今遇到了，她方才知道，自己在爱中，是一个极其霸道，充满占有欲的人。

爱会带来惶恐、带来苦痛、带来疯魔一般的不安全感。这个道理，萧军和萧红很快就明白了。萧军不做作，不伪善，不假装。他直言坦白自己的一切，包括对爱的理解。他风流却不能专情。他爱萧红，却并不只爱萧红。而钟情萧军的女子，又岂只有萧红一人。

对萧红来讲，他却是唯一。

爱令人眼盲。

萧军以为，自己会带给萧红安慰。却不想，给予萧红的是更深的惶恐和更重的不安。这是萧军不愿意见到的。他不是不知道，萧红第一次在男子身上，在他的身上，寄托着关于爱情最庄重的理想。萧军想要放弃，却又实在放弃不了。

她与他之间，注定是一段悱恻缠绵的姻缘。

# 13 | 夜画

1932 年 8 月。

黑龙江暴雨不歇。那雨下得汪洋恣肆、绵密无边。困在东兴顺旅店的萧红，无时无刻不想逃离。但汪恩甲之前欠下的巨款，无人有能力偿还。窗外大雨倾盆，仿佛是要滤尽脏污一般，洗涤着人间。看得萧红心里盛满愁怨。

终于，雨水成灾。

那一年的夏天，这座城市如同浸泡在一只装满水的巨大的瓷碗中。哈尔滨 38 万民众受灾人数高达 23.8 万，更有 2 万多人丧生于此次水患。萧红所在的东兴顺旅店也有近一半的空间淹没在水里。逃生的人群如同赶集一般，匆忙又慌张。

水天相接。萧红在小说《弃儿》里说：“大人、小孩和包裹青绿颜色，安静的不慌忙的小船朝向同一的方向走去，一个接着一个。”旅店的主人、客人也都纷纷逃离，连这两日来避水躲在二楼的人，也都一一走光了。刹那间，东兴顺死寂一般立在水街之上。只有“楼下的一家小贩，一个旅馆的杂役和一个病了的妇人男人伴着她留在这里”。

从清晨到黄昏。

她说：“黄昏慢慢的耗，耗向黑沉沉的像山谷，像壑沟一样的夜里去。两侧楼房高大空间就是峭壁，这里的水就是山涧。”她与那无边无际的绝望洪水一起，等待深夜，又等待天明。等着萧军来救她。

街上哪还有什么车辆。放眼看去，只有漂浮的船只散布其中。“马路变成小河，空气变成蓝色，而脆弱的洋车夫们往日他是拖着车，现在是拖船……松花江决堤三天了，满街行走大船和小船，用箱子当船的也有，用板子当船的也有，许多救济船在嚷，手中摇摆黄色旗子。”

8 月 9 日，那个没有离开的旅店杂役怜悯萧红，劝她乘此无人看管的时候赶紧离开。萧红知道，也许是老天惜爱她，给了她这样一个天灾的机会，让她走。她坐上一只运送柴火的船，离开了囚禁她数月的东兴顺旅店。

另一头，萧军忙着将自己的旧制服送到当铺，换取船钱来接萧红离开。只是，晚了一点。当萧军赶到东兴顺，萧红已经不在了。之前，萧军给过萧红自己的地址。当时，萧军寄居在裴馨园的家。萧红拿着手里的地址，前往哈尔滨中国四道街 37 号，裴馨园的家。

接待萧红的是裴馨园的岳母。

当时，裴馨园身兼数职，除了主编《国际协报》的文艺副刊，还兼任另外两家报纸的编辑。收入尚可，但也并不如旁人所认为的那么宽裕。说到底，需要裴馨园照顾的人，实在不少。萧军回到裴馨园的家重见萧红的时候，激动不已。虽相识时间不长，却已是共患难过的一双人了。

那日黄昏，晚饭之后，萧军带萧红去了中央公园（今兆麟公园），庆祝萧红重获自由身。这一天，对萧红来讲，意义重大到可谓是一生之转折。虽依然贫穷，但她有了自由，有了萧军。世间最要紧的两样，她都有了。只是，这两样，似乎隐隐又针锋相对，难以相容。

裴馨园的妻子叫黄淑英，与萧红同岁，当时已是两个孩子的母亲。裴馨园说服了黄淑英，让无处安身的萧红在家中居住。当时，裴馨园待萧红十分照顾。虽然自己与妻子都有抽大烟的习惯，但还是劝嘱萧红戒掉鸦片。

只是，寄人篱下的生活，终究是不太好过的。且不论萧红只是一个与裴家无瓜葛的陌路人，纵是同父同母的兄妹，住在一起时间久了也会生出嫌隙的。后来，黄淑英对萧军、萧红的态度日渐转变。连裴馨园，也因为萧军、萧红让他与妻子之间的感情和生活受到了影响而心生不悦。

不久，裴馨园一家搬迁到了别处，只留下了岳母和萧红、萧军在原来的住处。裴馨园尚且还要顾念与萧红、萧军的一两分情谊，但他的岳母全无必要容纳萧红和萧军。萧红和萧军心里也是非常明白：裴家，是待不下去了。

8月底，萧红临产。

她忽觉腹部疼痛难忍，撕心裂肺地哭喊至半昏迷的状态。萧军吓坏了，直奔被雨水淹没的大街，寻找马车。雇好马车之后，萧军抱起萧红，去往哈尔滨市立医院。到了医院，萧红疼痛感渐消。医生说预产期大约一个月之后，需要费用15元。

听完医生的话，萧军才放下心来，遂与萧红折返。只是一路上，萧军都在思量着如何赚取15元的费用。几乎身无分文的萧军将仅有的5角钱都交与了车夫。因与裴馨园夫妻的隔阂，萧军也离开了《国际协报》副刊，失去了原本每月固定20元稿酬的经济来源。

不幸，萧红早产。刚到住处不久，萧红再一次腹痛难忍。萧军知道，医生判断错了。萧红临盆在即，迭筹备15元费用的时间也没有了。来不及考虑周全，萧军立刻抱着萧红奔去了医院。因为无力支付医院费用，又不愿让萧红的身体受到折磨，萧军发横，不管不顾，强行把萧红送进了医院的产妇室。

次日凌晨，萧红诞下一个女婴。

面对女儿，萧红茫然无措。

世人皆是凡胎肉身，人人皆有私心，萧红也不例外。女儿的出生，对于尚且连自己都无法养活的萧红来讲，无疑是一个天大的累赘。她决定，将孩子送人。她与那孩子的母女情分，也就只有这些了。萧红不是不难过的，孩子离开了，夜夜梦魇缠身。

她终是对不住这个孩子。

动荡不安的生活令萧红的身体十分脆弱，又经历分娩之苦，加之长期的营养不良，萧红产后一病不起。虽身在医院，但因萧红和萧军分文未缴，医院对萧红的病，也就熟视无睹，漠不关心。

那时候，世上心疼萧红的，只有萧军一人。

忍无可忍之时，萧军只能犯浑，扬言若是医生不治，就要杀人。军人出身的萧军，很是健壮。几次闹下来，医护人员都十分怵怕，只能替萧红进行一些简单的医治。那时候，萧军在萧红眼中，是比自己生命更贵重的男子。期间，萧军给予萧红的爱，是常人无法比拟的，厚重无比。

没有当日的萧军，也不会有往后的萧红。

在医院，萧红住了月余。院长也早已不向他们索要费用，只盼着萧红和萧军早日离开，腾出病床。九月初，在萧军四处奔走以及各路朋友的资助下，二人方才得以出院。那时候，裴家的人再不愿收留萧红和萧军，但见二人孤苦，便派家中女儿送给萧军一封信和五元钱，望他们另觅宿处。

1932 年 10 月，萧红与萧军来到哈尔滨新城大街（今道里尚志大街）。对裴馨园一家，他们不能怨、不能怒。心里都明白，收留他们是情分，不留他们也是应该。这世上，他们唯一能够真正信赖并依靠的，只有十指相扣的彼此，再无其他了。不久，他们住进了一家白俄罗斯人经营的旅店。

名叫：欧罗巴。

# 14 | 铅 华

在欧罗巴，他们住在第三层的阁楼里。

萧红在散文《欧罗巴旅馆》里描述道：“这个房间是如此的白，棚顶是斜坡的棚顶，除了一张床，地下有一张桌子，一围藤椅。离开床沿用不到两步可以摸到桌子和椅子。开门时，那更方便，一张门扇躺在床上可以打开。住在这白色的小室，我好象住在幔帐中一般。”

方寸小屋，却是她与萧军第一个只属于他们两个人的家。租住阁楼那日，旅店茶房上来问他们床上的铺盖是否一并租下。萧军说，租。待茶房说完每日五角钱的时候，萧红和萧军异口同声地说了句“不租”。平日里，两人吃的，也就是大列巴蘸盐。

有时候，只能挨饿。什么也吃不上。

房租一日两元。萧红和萧军手边仅有裴馨园给的五元钱。旅店老板本想整月出租，但见两人不宽裕，便急忙想要二人明日就走。萧军一听，顿时恼怒起来，粗暴地说不走。见老板不走，萧军又以生杀打伐恐吓之。从前被人欺凌，萧军总以暴制暴。虽然听上去并不可取，但是在那个年代，却很是有效。

那时，萧军心疼萧红。虽已在不收广告费的《五日画报》登上了求职广告，但毕竟是混战时年，工作并不好找。此前，萧红有孕在身，又有《国际协报》的稿费，虽不足够，也勉强可以度日。今次，是真的只有饿着，苦熬。日子是艰苦些，但对萧红来讲，当中的快乐却是世间最质朴可贵的。

期间，萧军给萧红写过三首诗：

浪儿无国亦无家，只是江头暂寄槎。
结得鸳鸯眠便好，何关梦里路天涯。

浪抛红豆结相思，结得相思恨已迟。
一样秋花经苦雨，朝来犹傍并头枝。

凉月西风漠漠天，寸心如雾复如烟。
夜阑露点栏干湿，一是双双俏倚肩。

喝几口稀饭过一天，吃几口列巴过一天。或是喝点水，饿一天。而多数时候，他们都在忍受饥饿的煎熬。萧红在散文《饿》当中，甚至写道，她几乎都要忍不住去偷别人房门上挂着的“列巴圈”。贫穷、饥饿、疾病，以及少年时的出走和众叛亲离。这世间极苦极痛的事，萧红几乎都已一一体尝殆尽了。

在萧军找到工作之前，萧红万般无奈时，曾给中学时代的恩师高仰山写信求助。而高仰山也是顾念师生情谊的人，带着女儿一起来到欧罗巴旅店，为萧红留下一些钱。

萧军呢，没日没夜地在外奔走，做着各种零碎的事，竭力赚取所能赚到的各种微薄的收入。每每萧军回来，第一句话总是问萧红饿不饿。而萧红呢，也几乎每一次都是流着眼泪答他，说：“不饿。”

是凤凰，不怕火焰。是晶钻，不畏磨刀。虽未有正式的仪式，但二人实际上已是名副其实的患难夫妻了。涩苦之中有甜味。这便是他们在欧罗巴短暂的同居生活了。

只是两人相处矛盾总是有的。天性，谁也不能控制。萧军多情，萧红痴心。即便患难不离，萧军的耿直有时也会成为一个“问题”。若是说维系爱情是有门道的，那么萧军大约是不屑的。在与女子相处的过程当中，萧军坚持的是，唯坦诚、唯率真、唯不欺不骗。

然而，这并非一定是好的。

有一日，萧军回来，袖口破了。萧红心疼得紧，便计划着买了一些针线，替萧军把破旧的袖口用桃红色的线仔细地补好。却不想萧军因此竟忆念起了旧人。昔日里，有一位叫作“敏子”的姑娘也曾为他做过同样的事情。又说着当年自己的恋之琐细，还夸敏子漂亮，眉眼唇鼻，他仍旧记得清楚。

他也说，过去的已经过去了。

只是，说者无心，听者有意。这些话落在爱他如生命的萧红耳中，大约意味就复杂多了。她委屈，伤心，甚而要闹些脾气。论萧红耍性子的原因，除了萧军忆念往事，大约还有萧红自己内心深处的一些惊惧。她害怕，昔日的旁人，就是将来的自己。

可是，爱情这桩事，本来也并非始终善意。世上，亦是没有任何人可以掌控之、左右之，抑或是将之拿放自如的。在欧罗巴，他们居住了大约一个星期。虽只是短暂的几个昼夜，但对于他们来讲，却是新婚夫妇一般的蜜月之地。

简媜有几句话，写得妙极：

关于你生命中的山盟与海誓，我都听说。在茶余饭后，你的身世竟令我思谋，什么样的人，才能与秋水换色，什么样的情，才能百炼钢化成绕指柔。我似乎看到年幼时的你，已然为自己想象海市蜃楼，你愿意成为执戟侍卫，为亘古仅存的一枚日，奉献你绚霞一般的初心。

那么，请不要再怪罪生命之中总有不断的流星，就算大化借你朱砂御笔，你终究不会辜负悲沉的宿命。

借此献给，欧罗巴旅店里的萧红和萧军。

# 15 | 誓 鸟

1932 年 11 月。

他们搬迁至哈尔滨商市街 25 号。

萧军之前刊登的求职广告终于起到作用。家住商市街 25 号的铁路局某汪姓庶务科长，发现了他。因萧军能武，汪先生便派人请萧军来家中教授他儿子汪玉祥一点拳棒。用住房来抵偿学费。萧红和萧军对此皆表示赞同。住的是汪家一间耳房。半地下室的形构，有台阶通往室内。

在汪家，省去了租住旅店的钱，可以两个人在家做饭，虽然经济仍不宽裕，甚至还处于拮据的状态，常常靠借贷和典当度日，但是较之从前多少还是要好些的。萧军也知道，单凭这一项工作，是不足够支撑两人生活的，他依然在寻找其他任何可以胜任的兼职工作。

当时，裴馨园虽因着妻子的缘故，与萧红、萧军之间疏远了些，但毕竟昔日交情不浅，得知萧红和萧军境况仍不理想，于 1932 年 11 月 13 日以自己的名义在《哈尔滨公报》上替萧军刊登了一则求职广告。

幸有裴馨园再次相助，萧军得到了一份教授国文的家庭教师的工作。不久，萧军身兼数职。每月可有 15 元的固定收入。如此一来，萧军每日清晨赶去南岗当家教，而后去教国文，晚上回到家之后还要教房东少爷武术。在家陪伴萧红的时间，也因而较之在欧罗巴的时候，要少得多。

萧红身子弱，虽也想替萧军分担，但能力范围之内便只有一些家务事可做。可是，萧红虽吃过不少苦，但毕竟是富家小姐出身，对家务事并不在行。她所希望的是，如当年离家出走时女友所说，去写作，卖文为生。

时至那时，萧红依旧未能如愿。

在 1932 年秋天的时候，萧军认识了金剑啸。金剑啸，原名金承栽，又名健硕、梦尘，号培之。满族，1910 年出生于辽宁沈阳。1926 年，考入哈尔滨医科专门学校学医。1927 年 8 月，弃医从文，经《星光报》编辑陈凝秋推荐，担任文艺副刊《江边》编辑。

1928 年，在上海艺术大学学习绘画。1929 年春，进入上海新华艺术大学学画，技艺精湛全面，油画、水彩画、粉画、素描、木刻皆擅长。期间，金剑啸与中共地下党员接触频繁，并阅读大量鲁迅、茅盾、蒋光慈等作家作品，使他从政治思想到文学艺术日趋成熟。

1929 年，加入中国共产主义青年团。1931 年，加入中国共产党。是年 8 月，创办天马广告社，为中共地下刊物《满洲红旗》和一些传单小报绘插画，设计刊头等。天马广告社也成为中共地下党和左翼文人的秘密联络点。

1934 年，在《东三省商报》担任记者，后到《大北新报》画刊担任编辑。1935 年，到齐齐哈尔《黑龙江民报》副刊“芜田”担任主编。1936 年，回到哈尔滨后设法买下《大北新报》画刊版权，同年 6 月 13 日被捕，8 月 15 日英勇就义。终年 26 岁。

萧红、萧军与金剑啸有了来往之后，萧红得知，当时金剑啸为电影院绘制广告海报，月薪有 40 元。如此一想，便觉自己亦可以胜任这样的工作，只是几次三番都不如愿。萧军知道后，还怨怪萧红。

没几日，萧红和萧军在中央大街偶遇金剑啸，金剑啸主动邀请萧红和萧军帮忙。此时，萧军竟又对此工作显现出务必的热情来。去帮忙那日，萧军等不及一般责骂萧红不利落、耽误事，令萧红非常不满。贫贱夫妻百事哀。两人之间的矛盾与性情上的差异也开始缓慢浮现。

电影院对萧红、萧军以及金剑啸的工作结果不满意，辞退了他们。彼时，萧红身体日渐恢复，比从前健康许多。丢了这份工作，她又筹谋另外的出路。效仿萧军，她也当了家庭教师。教的是一名年长于自己的女子，也因此有了日后那篇名叫《女教师》的散文。

多年之后，萧军回忆起商市街 25 号的生活时说：“尽管那时候我们的生活是艰苦的，政治、社会……环境是恶劣的，但我们从不悲观、不愁苦、不唉声叹气、不怨天尤人、不垂头丧气……这种乐观的习性是我们共有的……”“正因为共有了这种性格，因此过得很快活，很有‘诗意’、很潇洒、很自然……甚至为某些人所羡慕！”

当时，金剑啸也是哈尔滨左翼文化圈的活跃分子。与金剑啸的相识，令萧红和萧军也得以接触并融入哈尔滨左翼文化圈。没多久，萧红终于拿起那支在时光深处孤守她许久又许久的笔，开始了自己生死与共的漫长而壮烈的写作。

始于河流而止于源泉

钻石雨
正在无情地剖开
这玻璃的世界

打开水闸，打开
刺在男人手臂上的
女人的嘴巴

打开那本书
词已磨损，废墟
有着帝国的完整

是老天要逼迫她尝尽世间疾苦，累积下至为珍贵的经验和知获，而后赐予她一杆不惧火炼的生花妙笔，让她向世人描摹生命、记录岁月、抒写爱与苦难。而将来，以及将来的将来，将只属于萧红，和她的如同北岛诗歌一般的写作。

是老天要逼迫她尝尽世间疾苦，
累积下至为珍贵的经验和知获，
而后赐予她一杆不惧火炼的生花妙笔，
让她向世人描摹生命、记录岁月、抒写爱与苦难。

不惧离散/只怕动情

# 『今生你是 一盏清茶』

# 16 | 锦葵

林徽因，有“太太客厅”。

萧红，有“牵牛坊”。

1932年夏天的哈尔滨水灾过去之后，金剑啸等人组织了一次“维纳斯助赈画展”，萧红也曾拖着病弱的身体为之作了一两幅小画。后来，《哈尔滨五日画刊》也出了一期“维纳斯画展”的选辑专刊。当中，有萧军一篇题为《一勺之水》的文章。

之后，金剑啸发起成立了维纳斯画会。邀请了所有参展的人一起探讨文艺。正是在画会当中，萧红和萧军认识了哈尔滨三十年代著名的文艺沙龙“牵牛坊”的主人——冯咏秋。

冯咏秋，早年曾在天津南开中学就读，后毕业于北京大学。也曾在京报做过记者，更向国画大师齐白石学过中国画。当时，他正在哈尔滨市政府民政救济科工作。他是哈尔滨的左翼名士，业余画家。他为人颇讲义气，交际甚广，因此，文艺圈的朋友们会常到他家做客、聚谈。

素日，冯咏秋很爱莳弄花草，尤爱朝颜花。所谓“朝颜花一时”，朝开午谢，是哀伤之花。《源氏物语》里写它道：“露未消时花已萎，未消之露更凄凉。”可盛开的时候，它又极是繁艳。盛夏时候，朝颜花的绿叶藤蔓，总会爬满篱笆和墙，花朵呢，又是颜色纷繁，令人爱赞。

天明花发艳，转瞬即凋零。

但看朝颜色，无常世相明。

只是，平常总叫它“牵牛花”。

牵牛花围绕着冯咏秋的家，一簇一簇，开得恣肆又盎然。那一间位于道里水道街（今尚志大街），昔日只是一家兽医院的俄式平房，因此也显得要绚丽得多。于是，为着这样的缘故，当年哈尔滨的左翼文艺圈人士便称之为“牵牛坊”。与冯咏秋相识之后，萧红和萧军便也成了“牵牛坊”的常客。

当时，经萧红提议，一群人成立了剧团。写剧本、排练，所有人都十分沉醉。而平日里呢，只要聚谈于此，讨论的也都是他们毕生热爱着的文学和艺术。会唱歌跳舞、会朗读戏剧，也会一起研究讨论鲁迅、高尔基、普希金等文学大师的作品。

所有人都对萧红十分欣赏。

冯咏秋甚至还为萧红作了一幅画，是一幅水墨速写。画得俏皮又传神，很令萧红喜爱。而冯咏秋的“牵牛坊”也和金剑啸的天马广告社一样，在文艺沙龙的掩护之下，成了中国地下党的一个秘密联络点。

去“牵牛坊”，对于萧红和萧军而言，一来，他们能够汲取那里的文艺养分，陪伴自己度过贫困生活里的寂寞。二来，也只有在那里，他们才能改善自己的伙食，吃得好一点。而这些辛酸的体悟，大约是很难启齿的吧。

萧红记得，那年新年前夜，冯咏秋邀请大家去“牵牛坊”过年。席前，冯咏秋让用人去街上买了一些松子让大家当作零食。当时，萧红便想：“多余呀！多余呀！吃松子做什么！”是，平日连饱饭都不是日日可以吃到，今次的松子对萧红来讲，是有些奢侈了。她说，那日她吃松子，是当吃饭一般，用来填饱肚子的。

对于自尊心很强的萧红和萧军来说，在场的旁人也未必不会知晓他们的境况，只是不能言劝、不能评断。萧红记得，当时被大家称为“小蒙古”的女子袁淑奇曾在一次聚会结束临走之前，递给萧红一个信封，嘱咐她到家打开。回家之后，萧红才发现里面装着袁淑奇给他们的十元钱。

此事，令她感动。

日后，在她的散文《几个欢快的日子》当中，她便将此事郑重地记录了下来。她是从来不曾忘记对她好过的每个人、每件事和每个瞬间的。人生路，短暂亦漫长，有些心动不能假装，有些告别不能慌张，有些人不能少，有些事不能忘。

1933年，年初，曾在《国际协报》供职的裴馨园因为文章涉嫌攻击当局，被革职。继任的主编是萧军的好友方未艾。当时，《国际协报》打算出版一份“新年征文”的特刊。萧红有了写作的念想，却又迟迟未能提笔。这是与校园时候写作诗歌完全不同的境况，它要更严肃、更谨慎，也更专业。

是在萧军和众朋友的鼓励之下，萧红方才说服自己提笔，写下了她写作生涯里的第一个短篇小说《王阿嫂的死》。不想，此篇文章受到方未艾的大力赞赏，一经发表，赞誉甚多。萧红知道，至此，她定是要与写作相依到死了。宋佳在电影《萧红》里也说，再没有什么能够阻止她写作了，连死也不能。

是，连死也不能。

之后，萧红连续创作了纪实散文《弃儿》，短篇小说《看风筝》《腿上的绷带》《太太与西瓜》等作品，并先后发表在长春的《大同报》副刊《大同俱乐部》《哈尔滨公报》副刊之上。当时，萧红发表文章时的署名仍是“悄吟”。所谓“穷而后工”大抵说的便是萧红那时候的情形吧。

是年7月，萧红又参加了金剑啸等人组织的另一个文艺团体“星星剧社”，并参与排演了三个短剧《居住二楼的人》《姨娘》《一代不如一代》。前后大约排练了三个月，打算于日本和伪满洲国签订《日满协定书》的9月15日演出。却不想，《一代不如一代》原定的男主角徐志突然被捕。

此后，当局对新闻、出版和各种文艺组织开始进行了严密的审查。剧社所有的人都陷入惶恐之中，也因此不得不解散。令人略安慰的是，这一年的夏天，金剑啸等人又通过前来看望萧红和萧军的《大同报》编辑陈华之手，在《大同报》创办了文艺副刊《夜哨》。

那是一个极坏又极好的年代。坏的是，当年的文艺组织和文艺刊物，无一不得经历昙花一现的险境。好的是，野火一般的文艺人士孜孜不休与之抗争，今日消散，明日再聚。不绝不休。

不久，《夜哨》的作者群也因为各种缘故纷纷离开。当时《国际协报》副刊主编也从方未艾换成了日后成为萧红密友的白朗小姐，因此，供稿《夜哨》的作者群便转而投入了《国际协报》的副刊阵地。白朗与报馆商议之后，每月给萧红和萧军各20块大洋。

终于，萧红的日子慢慢好起来了。

并且，萧红与昔日断了联络的胞弟张秀珂重又联系上。当时，张秀珂已在齐齐哈尔读高中，年岁大些，自然见识也进步了，对胞姐昔日与张家决裂的事情有了不一样的新认识，开始理解懂得萧红“离经叛道”的心。

虽遭张廷举的阻拦，但张秀珂仍旧坚持给姐姐写了信。萧红收到弟弟的信后，火速回复了，希望弟弟能够来哈尔滨相聚。对萧红来讲，张秀珂的认同意义重大。这是张家唯一了解她的人了。

10月，萧红与萧军将自己的小说、诗歌和散文辑成了一部合集，名曰《跋涉》。当时，他们打算自费出版，但苦于经费不够，耽搁了几日。朋友们知道此事之后，都兴奋不已，这对当时的文艺同仁们来讲，无疑是最大的鼓励和最好的安慰。

在众友人的资助和哈尔滨《五日画报》社长的支持下，《跋涉》得以付梓。《跋涉》出版之后，几乎轰动了整个东北文坛，也奠定了萧红和萧军在东北文坛的地位，被称为“黑暗现实中两颗闪闪发亮的明星”。自然，这也开始令萧红和萧军备受当局的“关注”。不久，《跋涉》便遭当局查禁，要抓捕萧红和萧军的流言也不绝于耳。

萧红知道，是时候了。

是时候，离开这伪满洲国。

# 17 | 窈窕

1933 年，冬。中共党员傅天飞来到哈尔滨。他与萧红、萧军的共同好友舒群（曾与萧军一起供稿于《国际协报》）是旧时同窗。当时，傅天飞在吉林磐石县委工作。到哈尔滨后，傅天飞约见了舒群。席间，与舒群谈了近几年自己在磐石进行的革命工作，尤其是关于磐石革命游击队发展的二三事。

临别前，他将一份资料交与舒群，是一本草稿，内容便是磐石游击队的发展故事。这份草稿，傅天飞十分重视，但他做革命工作随时有生命危险，因此为防止将来草稿遗失，便又复制了一份交与舒群保管。后来，舒群又将故事仔细地复述与萧军，草稿也终于得以流传。

遗憾的是，1938 年的时候，傅天飞一如他自己当年所预料的一般，牺牲了。而草稿当中的故事，也给萧军创作《八月的乡村》和萧红创作《生死场》提供了至为宝贵的写作素材。

后来，舒群离开了哈尔滨，去了青岛。

在这之前，萧红和萧军在筹备离开伪满洲国时，两人之间出现了信任危机。萧军受雇的汪家，有个三小姐叫汪林。年轻、貌美、身段婀娜窈窕。平时也要化妆，上妆的汪林更是娇俏美艳。相比之下，朴素沧桑的萧红显得很是落魄。

萧军很有男子气概，又有风度，是东北女子一贯迷恋的类型。在汪林心中，萧军自然与寻常的雇工不同。萧红是个敏感的女子，若是萧军对其他女子存有私心，萧红必然能察觉一二。或者非萧红一人如此，这大约也是女子天性中具备的一种辨识能力。

每每看到汪林穿着曼妙的春装在院中吸烟，萧红便如鲠在喉。与萧军说话时，汪林眼中流露出的情意更是令萧红忍不住难受。夏天，与萧军去太阳岛划船游泳的时候，汪林也去。在太阳岛，萧红午夜困睡的时候，萧军竟也乐意与汪林促膝长聊，不眠不休。

受雇于人，一切情之诡谲，她都看在眼中，放到心底。直到后来，萧军发现萧红不悦，方才安慰萧红，告诉她，自己早已与汪小姐说清，是断然不能与她相爱的。因他心中，只萧红一人。萧军是不说谎的人，萧红信他。

后来，萧军将一名编辑朋友介绍给了汪林，方才遏制住了这段危险的关系，令萧红放心。只是，没有汪林，还有旁人。萧红审阅男子的眼光不差，自然，其他女子也各有审阅标准。而通常，是很难会有女子对萧军丝毫不去动心的。

还有个姑娘，名字叫陈涓。南方女子，温婉又大方。也不涂抹脂粉，头发只是用红绸带随意扎在脑后。素净，可人。连萧红都忍不住觉得她美且有味道。她是《跋涉》的读者，钦佩萧红和萧军。故索人介绍，认识了萧军。到底还是想要先与萧军认识，女读者总是更热爱男作家一些。

当时，陈涓还是中学生，对已在东北文坛知名度颇高的两位作家十分向往。于是，某日通过萧军，想到萧红和萧军家中做客，继而再拜访《跋涉》的另一位作者，萧红。如此，三人日渐熟识。但从一开始，萧红就对陈涓起了防范之心。

只是，这一回不是陈涓图谋什么，却是萧军动了一点心。汪林了解萧红的脾性，知道这样一个年轻动人的小女子围绕萧军身旁会令萧红不悦。还曾提点过陈涓说，不要再与萧军亲近，不然萧红怕是会不高兴的。听闻此话，陈涓十分伤心，以至于，想要尽快离开哈尔滨，回到南方。

临行前，陈涓告别萧红和萧军。彼时，萧军不在，只有萧红与舒群坐在薄暮窗前倾谈。萧红对陈涓已不热情，陈涓便只能悻然离开。次日再来的时候，恰巧只有萧军。几句告别的话说完，萧军便塞了一封信给陈涓。又偏逢萧红回家，看见此景。

这信中，竟有一朵将枯的玫瑰。

饯行那日，陈涓自觉愧对萧红，便带来自己真正的男友。只是不想，萧军心念不灭，在陪陈涓买酒的路上，吻了陈涓。而这些，萧红并不知道。大约，至死也未知晓。此事呢，随着1934年元旦之后陈涓的离开，萧军亦不曾再提起。直到萧红离世，陈涓方才撰文指责萧军当年对待萧红感情的不忠诚。

且不论陈涓一家之言的可信度，单凭萧军自己所言二人的感情路上曾有“不算少的障碍和干扰”，便可知陈涓之言也非空穴来风。而今这些已不是十分重要。萧军的性情，世间唯有萧红最是了解。而所有萧军风流之蛛丝马迹，萧红大抵还是心中有数的。

这也是后来，萧红毅然离开萧军的一个缘故吧。

或许正是从这里，萧红和萧军之间的爱情，发生了一些微妙的变化。时日长久之后，便以剧烈矛盾的形式浮现出来，直至成为两人之间不能逾越的沟壑，无法和谐的障碍。得一人心是一回事，白首不相离则是另外一回事。

愿我如星君如月，
夜夜流光相皎洁。

这终究只能是一个难以成形的爱情理想了。

# 18 | 青岛

1934年，年初。舒群离开哈尔滨，去了青岛。舒群，1913年出生于黑龙江阿城一个贫苦的工人家庭。原名李书堂。舒群是他从1936年5月在《文学》杂志发表《没有祖国的孩子》第一篇小说后，一直沿用终身的笔名。之前，发表文章时也曾署用“黑人”为笔名。

七岁入阿城西营小学读书。后随家迁到一面坡，入珠河县（今尚志市）县立二小就读。十五岁时，考入哈尔滨一中俄语班。后考入东北商船学校，也是在那里与傅天飞同窗。半年后退学，在航务局做俄语翻译。十九岁时，辞掉月薪60元的翻译工作，秘密加入中国共产党。

舒群与萧红、萧军交情很深。当年，萧红分娩出院时，舒群第一个前去救济。后来，萧红和萧军出版《跋涉》的时候，150元的印刷费用，舒群一人便资助了自己省吃俭用积攒下来的50块大洋。

1934 年，年初。满洲省地下党组织遭受严重的破坏，舒群与组织失去了联系，被迫离开哈尔滨，奔赴青岛。在青岛，舒群联络上了组织，地下党人对他进行严密审查之后，恢复了舒群的组织关系。也是在青岛，舒群结识了革命家庭倪家，并与倪家三小姐倪青华相爱、结合。

3 月，舒群来信，邀请萧红、萧军去青岛。

舒群的信，对当时受困于伪满洲国且有生命危险的萧红和萧军来讲，无疑是又一次的雪中送炭。只是当时萧红突遇疾病，耽搁了一些时日。为了尽快离开，萧军让萧红去了一家乡下不收药费的贫民医院休养。在乡下，萧红独自居住了十三天，方才回到商市街的家中。

即将启程的前几日，萧红和萧军开始收拾行囊，贩售家中物品。每一样都令萧红难以割舍。但没办法，锅碗瓢盆是留不得的。萧红之所以感到悲伤，也是因为在商市街 25 号的这间耳房里，是她自当年离家出走之后第一次感受到家的温暖的地方。

临行前夜，萧红与萧军躺在地铺上，一言不发。

第二天，吃完早餐，就要离开。

“走吧。”说着，萧军便推开了门。一如当初来这里的时候萧军说的那一句“进去吧”一样。岁月都去哪儿了？门前的花，院里的树，顶上的屋瓦，还有天上的云霞，它们都还在呢。可是萧红要走了，也许是永永远远地走了。

是从来没有过的，她如此顾念、如此留恋、如此舍不得一个地方。

萧红写到这段往事的时候，说：“门开着我出来了，我腿发抖，心往下沉坠，忍不住这从没有落下来的眼泪，是哭的时候了！应该流一流眼泪。我没有回转一次头走出大门，别了家屋！街车，行人，小店铺，行人道旁的杨树。转角了！别了，商市街！”

是。别了，商市街。

1934 年 6 月 12 日。农历，五月初一。萧红和萧军坐上了火车，离开了哈尔滨。次日，抵达大连，在友人处过了两夜，辗转乘日本轮船“大连丸”号的三等舱，匆匆离去。入舱不久，萧军便遭受了严密的盘问和检查，险些被捕。而就在萧红和萧军走后一周，白朗的丈夫罗烽被捕。

之后，两人一夜未睡，睁眼到天明。直到看见青岛的远山，两人才放下心来。

1934 年 6 月 15 日。农历五月初四。萧红和萧军抵达青岛。舒群和妻子倪青华早已候在那里了。在舒群的岳父家住了几日后，倪家出面替萧红、萧军在观象一路一号租下了一间屋。这是一处地理位置极好的住所，站在二楼，就能看见青岛湾。

是真正的面朝大海。

在青岛，萧红和萧军度过了一段极美好的时光。那时候，他们也正当自己最好的年华，能与深爱的彼此在一起，在大海的呼吸中写下他们人生中最稀贵最有分量的文章，怕是世上再没有比这更令人愉悦的事情了吧。

经舒群介绍，萧军在青岛被中共地下党用作外围组织的《晨报》副刊担任编辑。萧红也断断续续参与一些《新女性周刊》的编辑工作。收入稳定，并且也算宽裕。捉襟见肘的日子，是没有了。又有舒群夫妇陪伴，两个男人下班时，两个女子便在一起操持炊事，很是令人羡慕。

盛夏，萧红和萧军结识了新朋友——张梅林。当时，青岛地下党联络点之一的“荒岛书店”的名字也是张梅林取的。舒群夫妇不在的时候，张梅林便常与萧红、萧军搭伙吃饭。三个人不分彼此，关系亲密得很。平日无事，也会相约一起去山东大学游逛。日子过得闲惬、静好。

9月。萧军跟舒群一起，去了一趟上海。当时，敬仰鲁迅先生已久的萧军十分想去上海见到鲁迅先生本人，只是囊中羞涩无法逗留太久，未能如愿。而在萧军去往上海的日子当中，萧红笔耕不辍，完成了中篇小说《麦场》。

到深秋的时候，有些事情终于变坏了。青岛地下党被国民党安插的特务出卖，倪家兄妹和舒群被捕。而倪家的大哥和舒群的妻子倪青华以及地下党高嵩成为蒋介石钦点的三名要犯。可见景况之恶劣。那时候，萧红和萧军隐隐知道，青岛也不是久留之地了。

一刹那，仿佛天与地都黯然。

舒群被捕，对萧红和萧军的打击很大。但他们都明白，此时此刻最要紧的是文字革命工作不能懈怠。萧红和萧军依然频繁出入荒岛书店。店老板叫孙乐文，与张梅林和萧红、萧军的关系都不错。一次闲谈当中，萧军听孙乐文提到自己在上海内山书店见到过鲁迅先生。这个消息，令萧军振奋。

因此，萧军写了第一封信给鲁迅先生，寄去内山书店。这是他们所知道的关于鲁迅先生仅有的一个地址。鲁迅先生能否收到信件，谁也不知道。大约是命中注定萧红、萧军与鲁迅先生缘深。鲁迅先生果真将信收到，并很快回复了萧军。

后来，萧军把《跋涉》和萧红新近完成的中篇小说《麦场》，连同二人的一张合照一并挂号寄给了鲁迅先生。那张合照上，萧军身着一件高加索式样绣花亚麻衬衫，萧红则穿了一件中袖斜条纹绒布短旗袍，两条辫子上各有一枚蝴蝶结。好俊俏的一对璧人。照片后来还被文学杂志《凤凰》用作了封面。

10 月。青岛《晨报》地下党联络站被国民党破获。当时，《晨报》是孙乐文以荒岛书店的名义购买下的。因此，孙乐文等人都被牵扯在内，均要撤离。孙乐文离开前，留给萧军 40 元作为路费，让萧红和萧军也尽快转移。忽然之间，青岛只剩萧红、萧军和张梅林了。

时值深秋，萧红的身体也开始虚弱。

咳嗽，仿佛就要变成老毛病了。

去哪儿呢？

去上海吧。

那么凉的天，这人间，真是寂寥。

# 19 | 上 海

1934年，11月1日。

萧红、萧军和张梅林买了船票。依然是来时的日本轮船“大连丸”号。这一回，他们坐的是四等舱。跟食品菜蔬挤在一起，是脏乱了些，但大抵是安全的。那样的世道，任何东西，都抵不过安全要紧了。吃人的世界，是连骨头也不吐的。

次日，抵达上海。

上海。
鲁迅的上海。
又喧嚣又寂寞的上海。

张爱玲笔下，上海是苍凉的、绚烂的、桃红色的，充满油漆的气味，充满汽油的气味，充满咖啡的气味，也充满荷尔蒙和烟火的气味。杏花春影，红粉蓝泥。十里洋场的上海故事里，张爱玲笔下描述的始终都是最活色生香的，也最人情世故的。可是，在萧红眼中呢？

它是破落的。

它是巷口的一碗馄饨。

它是穷人手中一块脏掉了的馒头。

抵达上海之后，萧红、萧军就近在码头附近找了一家旅店暂住。再计划找房，会见朋友。那时候，萧红和萧军的经济条件重又变成有些拮据的状态。选定了拉都路（今襄阳南路）北段 283 号的房子之后，所剩无几了。这处住所，靠近贫民区。倒是风景宜人，空气也好。

张梅林到拉都路来找萧红和萧军的时候，费了很大的劲。萧红和萧军的房子不大，只能放下两张帆布床和一张写字台。三人坐在里面，伸手可触彼此。倒也是亲近了。起码，窗外有一片菜园。一如萧红童年与祖父常去的那一处地方。

甚而，是有些诗意的。

安居之后，萧红和萧军心心念念着的便是与鲁迅先生见上一面。这是从未有过的，能够离先生如此之近，仿佛一出门就能撞个满怀似的。令他们充满期待和欢喜。但见面的事，鲁迅先生在信中说，从缓。大约也是需要通过一些途径侧面考察一下萧红和萧军的吧。

那时，鲁迅先生身体已不太好。

对于初到上海的萧红和萧军来讲，鲁迅先生的每一封回信都是一种强大的精神支柱。每每收到鲁迅先生的信，他们总在家中反复诵读，脸上愉悦的表情仿佛是天大的力气也按捺不住的。后来，萧红开始和萧军一起给鲁迅先生写信。

那些信，是阑珊时光里的玉簪，是饥饿年代里的怀山，是哀静夜晚的灯光。是灵药，是食粮。是伶人的丝绣，是战士的炮枪。是楚霸王的虞姬，是虞姬的楚霸王。被他们反复摩挲，贴身收藏，仿佛一早都已预料到，将来的将来，故人会不在，唯有手信可与时光同沧桑、至久长。

偶尔，萧红孩子气地怨怪鲁迅先生迟迟不见。但见字如见人，鲁迅先生几句关怀又足以令她热泪盈眶。有段时间，鲁迅先生的信回复得慢些了。后来知道，那是因为鲁迅先生病了的缘故。焦虑的情绪继而变成心疼。对鲁迅先生的热爱，是支撑他们哪怕贫病潦倒也坚持在上海滩煎熬下去的唯一动力。

是年，11月27日。

鲁迅先生寄给了萧红和萧军一封信。

内容如下：

刘先生

吟：

本月三十日（星期五）午后两点钟，你们两位可以到书店里来一趟吗？

小说如已抄好，也就带来，我当在那里等候。

那书店，坐第一路电车可到。就是坐到终点（靶子路）下车，往回走三四十步就到了。

此布，即请。

俪安

迅上

十一月二十七日

内山书店，由日侨内山美喜、内山完造创办。1917 年，开设于上海虹口北四川路魏盛里( 现四川北路 1881 弄 )。1929 年，迁至北四川路底施高塔路( 今山阴路 )11 号。主要经售日文书籍，最初经销日本觉醒社出版的基督教的书籍，后来扩大到南山堂等出版的医学书籍，也经销同仁堂出版的译成汉文的医学书。

鲁迅先生是在一次购书时结识了内山夫妇，成为挚友。20 世纪二三十年代，国民党政府“文化围剿”，进步书籍被查禁，该店是销售进步书籍的主要场所，又是中共和进步人士的重要联络地点。方志敏在南昌狱中的书信文稿，就是通过书店送到鲁迅先生手中转达中央的。

终于等到这一日。亲见鲁迅先生，如同梦想一般，被他们期望了许久。11 月 30 日，二人激动前往，心怀热烈。路上的每一时刻，都是与众不同的，也都是令萧红和萧军毕生难忘的。彼时，仿佛上海滩的每一座楼、每一个行人、每一寸土地也都瞬间向他们敞开怀抱。

在上海，他们第一次有一种惊喜的亲切。

那日的上海，是芬芳馥郁的，是柔软丰盛的。他们穿梭其间，如同走入花田，满眼是奔放壮烈的红、绵密无边的蓝、暧昧浓稠的黄和生机勃勃的绿。他们如同一起寻找书册里万年不见的宝藏的神秘恋人，心甘情愿地跋山涉水，也只是，想要去靠近它。

一路，他们走得好认真。

抵达内山书店之时，鲁迅先生已候在那里。当时，鲁迅先生坐在一个长桌前与人说话，书店老板内山先生也在一旁。见到萧红和萧军进来，便问："你是刘先生吗？"萧军点头，应声道："是。"鲁迅先生干脆，旋即就说"我们就走罢"。是带点浙江口音的普通话。不做作寒暄，也不耽误片刻时间。

鲁迅先生在前面走，萧红和萧军安静地跟在身后。面前的鲁迅先生，消瘦的身体里有一种韧劲。虽已病愈但仍憔悴，可是步伐利落、有力。走得很快。那日，他身着一件黑色长衫，下身是藏青色西裤。寸发，浓眉，眼睛很大，颧骨有些高，胡须仿佛不曾刻意打理。脸色还是不太好。

忽然之间，萧红和萧军心里突生酸楚。中国文坛的一代领袖，何以如斯苍凉，又让人悲伤呢？跟随鲁迅先生，他们来到一家咖啡馆。其实，这家店平日里主要靠里头的一间夜晚"舞场"营生，白天人是不多的。因此，白日里要格外清净。

那天，鲁迅先生的妻子许广平和儿子周海婴后来也来到咖啡馆与萧红、萧军见了一面。许广平是才女，亦清瘦。他们夫妻二人，如同清风，总令人心旷神怡。十分平和，也都没有架子。

临别之时，鲁迅先生给了萧红和萧军 20 元钱。虽萧红和萧军昔日曾在信中向鲁迅先生表达了初至上海的艰辛和向他借 20 元钱的意愿，但待鲁迅先生将钱递给萧红和萧军的时候，萧红和萧军心中又十分惭愧。尚是力壮的年轻人，接受了一个沧桑老者的救济，令萧红和萧军难以释怀。

鲁迅先生则慰之：“万不可放在心上。”

而先生关怀他们的心思远不止这一点。

# 20 | 赤 金

1933年11月。

鲁迅先生给萧红和萧军发去请柬，邀约二人于11月19日下午六点前往上海梁园豫菜馆小聚。为了能使萧红和萧军融入上海文坛，好好创作，鲁迅先生也同时邀请了不少文坛的朋友前来。也跟萧红和萧军说，前来的朋友“都可以随便谈天的”。

那日来的人，还有茅盾、叶紫、聂绀弩及其妻子周颖。原本，胡风也是要来的。只是，鲁迅先生的请柬被胡风妻子的妹妹代收，而又未能及时转给胡风，致使胡风一家错失了此次与萧红和萧军的见面机会。后来，胡风也说：“感到对不起当时鲁迅先生的一片精心安排，他是要我带着妻子和初生的婴儿一同赴宴的。”

席上，一群人畅谈甚欢。散去之前，还特地去照相馆留影纪念。作家叶紫，也依照鲁迅先生的安排，成了萧红和萧军在上海文坛的“向导”和“监护人”。之后，三人也成了密友。

1934 年 12 月。月底的时候，萧红和萧军搬了家。搬到了拉都路的福显坊 22 号，住在弄堂里。上海的弄堂是永不褪色的一道风景。虽然位置依然是一处荒凉的地方，但房子较之从前要大些，有十五六平方米。门前草地宽大，视野上佳。

只是，萧红开始失眠。不久，便提出要与萧军分床而睡。可睡到半夜，萧红竟无端啜泣。萧军问为何，萧红说，因离他太远。听上去也算是情话了。是直到此时，萧红对萧军的迷恋依然未减分毫。日子仍旧窘迫，但总还是要过下去。

聂绀弩来看望二人的时候，见状便问为什么不写稿子赚钱。萧军说，写了也不知道拿去哪里发表。聂绀弩说：“你找老头子（即鲁迅先生）啊，他总有办法……”也不是不明白，只是受惠于鲁迅先生太多，二人也羞于启齿吧。

可是，不这样，又能怎样呢？

最先托付给鲁迅先生的是萧红的中篇小说《麦场》，结果遭到审查并且删节甚多，未能付梓。在上海发表第一篇文章，是在 1935 年 3 月 5 日。萧红的小说《小六》发表在半月刊《太白》杂志上。虽是经鲁迅先生之手托付给《太白》杂志的主编陈望道，但陈望道说，萧红的文章确实写得好，与“只玩技巧的所谓‘作家’的作品大两样”。也说，这些都不是客气话。

不久，萧军的作品也开始陆续发表。

自《小六》发表之后，萧红信心大增，昔日在哈尔滨的荣光仿佛在上海也日渐可以看到了。而后，萧红便开始了“商市街”系列散文的创作，同年5月15日完成。6月1日，在上海左翼作家核心杂志《文学》第四卷第六号上发表了散文《饿》。

在上海文坛，《文学》杂志的地位举足轻重，也是杂志当中稿酬最丰厚的。每千字有3元稿费。对年轻作者来讲，算是很可观的收入。自然，能否在《文学》杂志上发表作品也几乎成为读者心中衡量作家水准和知名度的一个标杆。因此，《文学》杂志对待稿件的质量要求也是最严格的。

对于陌生的年轻作者来讲，要想在《文学》杂志上发表作品，除了需要具备十分出众的写作才华之外，还需要有声望的名作家来推荐。这也是《文学》杂志的一个经营模式，因为名作家推荐新人文章的时候，也必须为杂志撰稿一篇。这样，便可聚拢当时上海最优秀的写作人才。

因此，萧红当年发表《饿》的时候，大约鲁迅先生为她替杂志作了文章赔了一个人情。中国人素来是讲究“人情”的，这也非是什么俗套，倒更像是一门交际学问。才华固然重要，人格更是关键。大抵，好人品的人方才能有好的“人情”吧。

这一年，鲁迅先生创立了“奴隶社”。奴隶社的宗旨是宣传左翼文化思想，并进行相关的出版工作。于是，便有了“奴隶丛书”。奴隶丛书，先后共出版三册。第一册，是叶紫的《丰收》。出版《丰收》，是在1935年5月。

6 月，萧红和萧军再次搬家。搬到了法租界，萨坡赛路 190 号，唐豪律师事务所。也就是唐豪的家里。唐豪，是萧红和萧军的朋友。萧红和萧军在唐家就住在二楼的后面。萧红的散文《三个无聊的人》写的就是这期间的事。也是在这个月，萧军的《八月的乡村》作为“奴隶丛书”的第二册出版。

出版之后，反响很大。鲁迅甚至还将此书寄到了他国外朋友的手里，希望能够翻译成外语，更广泛地宣传当下的中国和人民。出版《八月的乡村》的时候，萧军的署名是——田军。之所以署名田军也是为了避开国民党检察机关的注意。

萧红的《麦场》却一直未能出版。

是年，夏。昔日被捕的罗烽，得到营救。出狱之后，立刻与妻子白朗秘密逃离了哈尔滨。7 月 15 日，二人乘船抵达上海。一如当年来到上海的萧红和萧军，初至的时日，也是举目无亲，唯能寄宿在萧红和萧军的住处。

屋子实在不大，四人一起过得不容易。萧红怕萧军不悦，便私下与白朗沟通，而后罗烽与白朗便搬去了舒群那里。舒群也是春天的时候获释之后才辗转来到上海。可是，舒群衣食无着，住的只是亭子间，比萧红与萧军的住处还要小。

写至此处，不禁伤感。爱情，这东西真是自私，令人盲目。女子尤是。此时，萧红与萧军的生活境况已改善很多，却因为害怕萧军不悦这样的缘故，委屈了罗烽和白朗夫妇，更是为难了孤自无依的舒群。而昔年，他们都曾倾囊帮助过萧红和萧军。

另外，罗烽、白朗夫妇和舒群也一直很想见到鲁迅先生。只是，鲁迅先生的身体每况愈下，直至离世，三人也未能如愿。萧军也曾委婉向鲁迅先生表达他们想要见见鲁迅先生的意愿，被先生婉拒。各种境况，也都可以理解。

鲁迅先生平日里本已忙碌，身体业已不如从前康健。萧军若是过于坚持，怕也是不太好的。人与人之间，讲究缘分。是萧红与萧军幸运，有幸在鲁迅先生身体条件允许的时候，遇见了他。好在下半年的时候，白朗、罗烽都找到工作，作品也陆续被发表。

贫苦，并不可怕。

可怕的是，怯懦的心。

后来，萧红开始和萧军一起给鲁迅先生写信。
那些信，是阑珊时光里的玉簪，
是饥饿年代里的淮山，是哀静夜晚的灯光。
是灵药，是食粮。

# 不惧离散/只怕动情

# 『今生你是一线烛花』

# 伍

# 21 | 鲁 迅

1935 年 11 月。

萧红和萧军收到鲁迅先生的一封信。这封信非比寻常，因在信中，鲁迅先生邀约二人去往他的公寓做客。这之于二人来讲，是一份极重的荣耀。是被信任、被肯定、被认同的意味。能够被鲁迅先生如此接纳，并不容易的。

信上，是这样说的：

刘兄

悄吟太太：

我想在礼拜三（十一月六日）下午五点钟，在书店等候，您们俩先去逛公园之后，然后到店里来，同到我的寓里吃夜饭。

专此，即祝。

俪祉

豫上

十一月四日

鲁迅先生的公寓位于北四川路底施高塔路（今山阴路）大陆新村 9 号，1 栋 2 楼 1 底。那是一座三层公寓。一楼是客厅，餐厅、厨房也在这一层；二楼是卧房，也有一个鲁迅先生的工作间；三楼是藏书室。初次来到鲁迅先生的家，萧红和萧军之欢喜难以言表。

那晚，鲁迅先生与这对年轻作者聊得非常投机。直至夜深。席间，萧红和萧军怕影响鲁迅先生休息，几次想要告别，都被鲁迅先生挽留下来。鲁迅先生还说“十二点之前终归有车子可搭的”。此后，两人便常来拜访鲁迅先生。

前一个月，也就是 10 月的时候，胡风出面，把萧红一直搁置着未能成功出版的作品《麦场》的书名改为了《生死场》，并计划列为“奴隶丛书”的第三册，自费出版。鲁迅先生也特地为萧红作了序。

12 月，《生死场》出版。“萧红”的笔名也是始于此时，并沿用终生。而拟取这个名字，萧红思虑的，也只是为了能够与萧军的笔名“田军”相衬映。可见，在萧红心中，萧军之重，重过甚多，甚而会影响到她的写作。这世上，能与萧红有如此羁绊的，仅此一人。

出版《生死场》时，鲁迅先生在序言当中给予了萧红很高的评价。他说，“这本稿子到了我的桌上，已是今年的春天，我早重回闸北，周围又复熙熙攘攘的时候了，但却看见了五年以前，以及更早的哈尔滨。这自然还不过是略图，叙事和写景，胜于人物的描写，然而北方人民的对于生的坚强，对于死的挣扎，却往往已经力透纸背；女性作者细致的观察和越轨的笔致，又增加了不少明丽和新鲜。精神是健全的，就是深恶文艺和功利有关的人，如果看起来，他不幸得很，他也难免不能毫无所得。”

胡风也为此书写了读后记。

这本书，是萧红写作生涯当中一部里程碑式的作品，也是一个重要转折点。经此，萧红在上海文坛一夜成名，成为上海各大文艺报刊争相抢夺的热门作者。这一年，萧红只有24岁。写作带给了她一种无与伦比的幸福感。这是与带来的物质上的丰盛完全不同的另一种体悟。

人，永远不单是活在自身的感知当中，也是活在旁人的目光里的。要说全不在意，那是假话。但若是那目光温柔，又饱含爱赞，终归还是十分受用的。好在，萧红并不是心性浮躁的女子。荣光，只会令她愈加斗志昂扬。萧红与萧军所收获的，与鲁迅先生的照顾关怀密不可分。

1936年5月，埃德加•斯诺访问鲁迅的时候，鲁迅也提到了萧红和萧军。说到当下最有名的左翼作家时，鲁迅提到了萧军，并说：“田军的妻子萧红，是当今中国最有前途的女作家，很可能成为丁玲的后继者，而她接替丁玲的时间，要比丁玲接替冰心的时间早得多。”

算是应了后来张爱玲的那一句“出名要趁早”。在萧红荣耀鼎盛时，张爱玲方才是二八年华的上海女学生，初出茅庐，尚未出名。那时候，怕是连张爱玲也是知晓萧红的。

随着《生死场》的出版，也渐有人开始拿萧红与萧军在文学创作上进行对比。多数人都觉得，萧红要更有天分一些。连鲁迅先生也认为，在写作手法的生动方面，萧红的《生死场》似乎比萧军的《八月的乡村》要成熟一些。

胡风甚至会当面直言，说萧红的写作才能在萧军之上。说萧军是凭借刻苦的素养来写作，而萧红则是凭着一种天性和个人感受在创作。类似的舆论不少。萧军听到，心中多半是不悦的。

文人相轻。纵是伴侣、恋人，怕也是会在写作成就上各有私心的吧。而萧军的性子，惯来是骄横些，又十分看重男子尊严。倾向于萧红的文艺评论，一波一波向他袭来。时日长久，总是不太好的。起码，对萧红与萧军的感情，并无益处。

1936 年 1 月。

萧军、聂绀弩各自都有创办文学刊物的想法。在鲁迅先生与胡风商议之后，决定一起操作。1 月 19 日，由鲁迅先生与胡风策划，萧军和聂绀弩等人共同编辑的文艺杂志《海燕》创刊。甫一出版，当日便售完初版的 2000 册书。令人大喜。鲁迅先生夫妇携儿子周海婴在梁园设宴，庆贺之。

第二期《海燕》出版之后，依然没有避过被当局审查的宿命。勉强出版了第二期后，第三期便再未能印刷。在《海燕》，萧红发表了散文《访问》《过夜》等作品。

1936 年 3 月。萧红和萧军重又搬家。搬到了北四川路底永乐坊。之所以再搬家，便是为了能与鲁迅先生离得近些。也省去了平日里身体越发不适的鲁迅先生的回信。另外，他们也能常去看望，大小事宜可帮衬着点。而两家人的来往也越来越密切了。

有时候，鲁迅先生会邀请三弟周建人一家以及萧红、萧军夫妇一起看电影。周海婴那时年幼，但颇喜欢萧红，总要去抓萧红的两条辫子，觉着欢喜。

鲁迅先生家中，每周六总是热闹的。来拜访做客的人不少。当中，萧红和萧军便结识了诗人冯雪峰、美国记者艾格尼丝•史沫特莱和日本作家鹿地亘、池田幸子夫妇。虽然萧红人脉渐广，只是际遇这回事，有时候让人无力，下沉、静默的无力。遇见，相知，又终将告别分离。

意义在哪里？
是不如不遇呢？
还是说，至少可以怀念。

# 22 | 红 釉

世相迷离，唯爱纯真。

可纯真，不代表它贞洁。有时候那爱，甚至正是最不洁的东西。凡世间情，皆有光明一面和黑暗一面。走得奇巧，也能与那人安顺到老。但多数时候，清纯少女会因它变成怨毒妇人，而男子之磊落也不是常有的，即便是有，也不能贪图它长久。

爱与不爱，理应利落并且尽兴，才不枉与那人缘分一场。该放手的时候，切不可执着。但更多时候，执迷结果的人太多。而这样的人，若是不够理智、不够清醒，这爱之营生怕是要一败涂地，弄得一生阴霾。

萧红如是。

这女子，在爱情这件疯狂的事情里，是一点也不聪慧。不利落、不干脆，也不懂得迂回，有时候比其他女子还要更盲目。“忍辱负重”这样的词语，理应不该与爱情有丝毫关联。宋佳在电影《萧红》里，对黄觉说，“是我想离开你，可是离不开”。哪里有什么“离不开”这回事，根本就只是离开的欲念不足够罢了。

1936 年，春。在哈尔滨时，萧军很是喜欢的陈涓回到了上海。陈涓本是上海人，1935 年暮春时候结的婚，这次回到上海是带着刚出世的孩子看望父母。得知萧红与萧军也在上海，便想着抽空拜访。彼时，陈涓已为人妻、为人母，想着萧军念及这些必当不似从前，也就欣然去看望了。

不想，一别三年。

萧军再见陈涓时，喜悦尤胜。依照萧军的性子，喜欢就是喜欢，断不愿藏掖着。因此，之后萧军常常私见陈涓。依照陈涓日后的回忆文章，全然是萧军的一厢情愿，想必与事实有出入。事有因循，人与人之间的际遇之所以能得以延续发展，单凭一人之力，是无法促就的。

萧军对陈涓的喜欢是可以确定的。私下，萧军瞒着萧红与陈涓来往，萧红也都悉数知道。否则，也不会有萧红那组题为《苦杯》的诗了。当中，赫然有着这样的诗句：

一

带着颜色的情诗，
一只一只是写给她的，

像三年前写给我的一样，
也许情诗再过三年他又写给另一个姑娘！

二

昨晚他写了一只诗，
我也写了一只诗，
他是写给他新的情人，
我是写给我悲哀的心的。

……

十一

说什么爱情！
说什么受难者共同走尽患难的路程！
都成了昨夜的梦，
昨夜的明灯。

据说，萧红曾与萧军大闹一场。可又如何？萧红，在对萧军的爱中，被动、怯懦，自怨自艾。爱情观上，她与萧军根本是方枘圆凿。他是天性自由、放荡不羁，她是空城枯守、不知利弊。也是她爱得太深了，爱得不安、惶恐、无措，一味地委曲求全。然而，这些对于护持爱情，都是意义不大的。

她在哭。只是哭。一直哭。

那段时间，萧红常常陷入不知不觉的恍惚里。要如何与萧军走下去呢？又要如何与这困禁她的爱周旋呢？她茫然无知。她想，也许自己的睿智，全只在于写作了吧。写作，可能是她这一生唯一擅长并且做到极致的事情了。

她是一个不擅长与人相爱的女子。

初夏时候，鲁迅先生病重。期间，萧红连写作也没了心情。对于作家来讲，环境、心情对于写作的重要性不言而喻。与萧军的关系，更是左右萧红心情的至关重要的因素。长日无事，萧红便总去鲁迅先生处照看他。

这是她去鲁迅先生处的初衷。

然而，多数时候她连照看鲁迅先生也是力不从心的。因此，最为难的怕是许广平了。一来要照料丈夫，二来也不得不顾念萧红。那段时日，许广平说："她有时谈得很开心，更多的是勉强谈话而强烈的哀愁，时常侵袭上来，像用纸包着水，总没法不叫它渗出来。自然萧红女士也常用力克制，却转像加热在水壶上，反而在壶外面满都是水点，一些也遮不住。"

萧军当然爱萧红，但并不是只爱萧红。对于萧红与萧军的感情，鲁迅先生也从来都是不干预的。只是，事态严重些的时候，譬如发生口角，或是萧军动粗的时候，鲁迅先生才会呵斥萧军。是，情急之时，萧军也偶有误伤萧红的时候。往事难以寻觅，只愿果真是"误伤"吧。

原本，萧红、萧军搬来永乐坊，便是想着能与身体不好的鲁迅先生有个照应。但据许广平回忆，平日也是少见萧军来访，多是萧红一人来往奔走。大约，对萧军来讲，私心上他爱重女子们要多过鲁迅先生吧。也或者，是萧军顾虑鲁迅先生身体，避免打扰。

具体缘故是什么，都不得而知。

后来，萧红、萧军的朋友黄源说，不如出去散心，并建议萧红去日本小住，日本的花费比上海贵不了许多。并且，当时黄源的妻子许粤华也在日本学习日文，萧红去了也好有人可以照应。萧红想着，胞弟张秀珂刚巧也在日本早稻田大学留学，去日本也不错。

至此，萧红大小事宜依然会与萧军商议。萧军说，他想去青岛，二人可借此时机分别冷静。虽看过去也是好有默契，但各自初衷大抵是不同的吧。也不是说萧军另有私心，只是在与萧红的这段感情关系当中，二人的虑事角度从来都不一样。

1936年7月15日。

鲁迅先生在家中设宴为萧红饯行，许广平亲自下厨制馔。萧军和黄源也都在席上。席散之后，三人有合影留念。萧红还烫发打扮了一番，才收拾好行装，等待上路。次日，也就是1936年7月16日，萧红离开上海，登上了开往日本的轮船。

# 23 | 东 京

海上，她漂流了两天两夜。

那两夜，仿佛比两年、两百年还要漫长。她忽然想到的，竟又不是忧愁了。忧愁这种东西，是会折服于海的。她所想到的，竟又只是距离萧军越来越远了。好像，她对萧军的原谅是可以没有原则、没有节制、没有底线的。但她希望，不是这样。

1936 年 7 月 19 日。萧红抵达日本神户，辗转陆路车，行至东京。依照黄源说的，去找了他的妻子许粤华。并和她暂住一起。许粤华尚在学习，陪伴萧红的时间不多。并且，不久之后，许粤华就回了上海。反正都是寂寞，倒不如萍水相逢，散了就好。不几日，萧红独自租了一间房。

安居之后，萧红即刻给张秀珂写了信。

约定某日下午六点在一家饭馆见面。她有弟弟的住址，本想直接去找，顾虑弟弟业已成年，怕有不方便处，便写信联络。可日子到了，张秀珂并未出现。弟弟没能如期出现，令萧红担忧。几番周折，她才打听到，正是自己东渡日本那日，张秀珂便已返回东北呼兰老家。

其实，萧红获知的消息有误。彼时，张秀珂仍在东京。只因张秀珂与中国关内消息传递和书信来往频繁，又大量阅读左翼书刊，处于被日方特务严密监视的状态，无法轻易脱身与萧红相见。

未能如愿见到张秀珂，令萧红异常失落。在日本，萧红唯一的牵念也没有了。日子过得寂寞、无力。倒也算是安然、清净。孤独的生活里，唯有写作可以给她带来慰藉。

8月。萧红的散文集《商市街》在国内出版。作为由巴金主编的《文学丛刊》第二集第十二册，由上海文化生活出版社推出，内收萧红41篇散文作品。《商市街》出版之后，既卖座，也叫好，替萧红收获不少口碑。

在日期间，萧红创作了大量文学作品。包括为《大沪晚报》撰写的旨在纪念“九·一八”事变的散文《长白山的血迹》和为上海《作家》杂志撰写的名篇《家族以外的人》等。

9月。萧红去专门为外国学生教授日文的东亚学校报名，开始学习日文。不久，竟遭日本便衣警察几番盘查。好在有惊无险，渡过一劫。月中，萧红的散文集《商市街》售罄再版，令她欣喜。有时想想，值得萧红高兴的也就只有写作上的成果。

她给萧军不间断地写着信，得到的回信远不如预期的多。那时，萧红的心思除了写作，余下的全都放在了萧军身上。赴日期间，她竟一封信也不曾给鲁迅先生写过。这件事，也成了萧红心中一根永远无法拔掉的刺，令她遗憾终身。

鲁迅先生在 10 月 5 日写给茅盾的信中说道，“萧红一去以后，并未给我一信，通知地址；近闻已将回沪，然亦不知其详……”两周之后，也就是 1936 年 10 月 19 日，鲁迅先生便猝然离世，终年五十四岁。是在鲁迅先生去世三日之后，萧红才得到确切消息。当下，萧红心中悲痛，难以形容。

鲁迅先生去世之后，许多报刊邀约萧红撰写纪念鲁迅先生的文章。可是，当真与之亲密的人，又哪里能在这样的时刻静下心思写所谓追忆一类的文章呢。萧红在给萧军的信中说，“关于回忆 L 一类的文章，一时写不出来，不是文章难作，倒是情绪方面难处理。本来是活人，强要说他死了！这么想，就非常难过。”

得知许广平见到萧军问及自己安好与否，萧红更是难受极了。这种难受当中必定有一丝自己疏离先生的自责。她说，“许，她还关心别人？她自己就够使人关心的了。”关于鲁迅先生，萧红能写的，也就只是在心中与萧军倾吐几句罢了。

她说，“昨夜，我是不能不哭了。我看到一张中国报纸上清清楚楚地登着他的照片，而且是那么痛苦的一刻。可惜我的哭声不能和你们的哭声混在一道。现在他已经离开我们五天了，不知现在睡到哪里去了？……”

也不知是谁的意思,或只是萧军的意思?这封信竟被刊登在了半月刊《中流》杂志纪念鲁迅先生的专号之上。发表的时候，被加上一个名为《海外的悲悼》的标题。

编者说，“这是萧红女士在日本得到鲁迅先生逝世的消息后，写给她的恋人田军的信。因为路远，我们来不及叫她给《中流》专号写稿，便将这信发表了，好让她的哭声和我们的哭声混在一起”。

令人哑然。

上海那一头。萧军等人开始奔走印厂,替许广平取送鲁迅先生的作品《且介亭杂文》1、2、3 集的校样。萧军是在 10 月 13 日返回上海的，那时鲁迅先生还在。萧军特地带上了自己新出版的小说集《江上》和萧红的散文集《商市街》以及几样礼物前去看望。

上海文坛，一片哀伤。

11 月。萧红出版了散文与短篇小说作品集《桥》。依然是由巴金主办的上海文化生活出版社出版。这个月，萧红收到了萧军发表的几个小说。在萧军的短篇小说《为了爱的缘故》里，萧红重又看见了自己与萧军昔年在哈尔滨的生活琐细。贫困，但快乐。

因着“为了爱的缘故”，萧红给萧军写了一封信。她第一次说，“在那《爱……》的文章里面，芹简直和幽灵差不多，读了使自己感到战栗，因为自己也不认识自己了。我想我们的吵嘴之类，也都是因为了那样的根源——就是为一个人的打算，还是为多数人打算。从此，我可就不愿再那样妨害你了。你有你的自由”。

人终究是要改变的。

那些或纯真或愚蠢的执着，不被岁月荼毒，也要被那摧枯拉朽的情欲掩埋。期间，一度有着回国念头的萧红，终于是熬过蚀心之痛，将萧军往身后放了放。直到 1937 年 1 月，萧红方才结束了自己长达近半年的旅日生活。

1937 年 1 月 9 日。

萧红乘车到横滨，转轮船渡回上海。

# 24 | 秘流

1937年1月13日。

萧红抵达上海汇山码头。当晚，黄源设宴为萧红接风洗尘。席上，萧红豪饮，与往日那个小女子似乎别有两样。那姿容，较之往日仿佛敛静许多，举手投足之间，越发有一种超越男子的磊落之气。萧军看她，竟已不似往日那般可一眼看到深处了。

她已不是旧时那个矜弱女子。

重回上海，萧红暂时仍与萧军同住，搬到吕班路（今重庆南路）256弄。那是一座俄国人经营的西班牙式公寓。萧红与萧军住在顶层的阁楼。当时，在这幢楼里，住着不少东北作家。也算是一个作家聚集地。一安顿好，萧红便赶去万国公墓。鲁迅先生葬在那里。

萧红在《回忆鲁迅先生》一文里写：

鲁迅先生的笑声是明朗的，是从心里的欢喜。若有人说了什么可笑的话，鲁迅先生笑的连烟卷都拿不住了，常常是笑的咳嗽起来。鲁迅先生走路很轻捷，尤其他人记得清楚的，是他刚抓起帽子来往头上一扣，同时左腿就伸出去了，仿佛不顾一切地走去。鲁迅先生不大注意人的衣裳，他说："谁穿什么衣裳我看不见得……"

而今，他不在了。

哀静的墓园里，鸦雀无声。此刻，世间人、世间事、世间爱与苦难仿佛皆已不复存在，也都不再能搅扰鲁迅先生。他大概是不能放心这人间的，只是倦了，不能再说什么，亦不能再写下什么了。但在另一头，恐怕也是寂寞的。他是那样一个愿意去操心的人。

从鲁迅先生墓地回来，萧红写了一首诗。

题为《拜墓诗——为鲁迅先生》。

跟着别人的脚印，
我走进了墓地。
又跟着别人的脚印，
来到了你的墓边。

那天是个半阴的天气，

你死后我第一次来拜访你。

我就在墓边竖了一株小小的花草，
但，并不是用以招吊你的亡灵，
只是说一声："久违。"

我们踏着墓畔的小草，
听着附近石匠钻刻着墓石，
或是碑文的声音。

那一刻，
胸中的肺叶跳跃起来，
我哭着你，
不是哭你，
而是哭着正义。

你的死，
总觉得是带走了正义，
虽然正义并不能被带去。

我们走出墓门，
那送着我们的仍是铁钻去打着石头的声音，
我不敢去问那石匠，
将来他为你将刻成怎样的碑文？

1937年4月23日，这首诗发表于《文艺》杂志上。赴日归来的萧红在上海文坛受到更多追捧。社交活动较之从前，也要频繁许多。1937 年 3 月，日本作家小田岳夫来上海采风，也为日文版《两地书》里的一些翻译问题特地来中国请教许广平。

通过鲁迅先生生前好友鹿地亘、池田幸子夫妇，也拜会了当时上海文坛左翼作家胡风、梅志夫妇和萧红、萧军。在小田岳夫的印象中，萧红是个好时髦的女作家，“身着中国妇女罕见的作家”。容貌依然是少女的样子，很是天真。

这段时间，是萧红写作生涯的黄金时代。诸事皆算圆满，唯独与萧军的感情令她进退维谷。终于，她开始有想要与萧军分开的想法。恰逢张秀珂离开东北老家，南下上海。生活无依的张秀珂出现在萧红的生活里，是她与萧军感情日渐破碎的时日里唯一的调剂。

只是，无可避免地，张秀珂会撞见萧红与萧军吵闹。多是一些极小的事情。大抵，恋人关系濒临决断的时候，再细微的事情也都会变得计较些。萧军情急时候，会变得粗鲁。动手伤到萧红也是会有的事情。

遗憾的是，当时的张秀珂不理解萧红。也是因为不知道萧军在感情当中一直坚持“爱便爱，不爱便丢开”的原则，几次都只觉得是萧红蛮横，处处都向着萧军。远不知，萧红内心所承受的要比平日里二人吵嘴打闹来得沉重、痛苦得多。

张秀珂的态度，令萧红伤心。

无人知道，当时萧军背着萧红，也背着黄源，与黄源的妻子——当时与萧红同在日本有短暂来往的许粤华相恋了。萧军为人直爽、利落，品质不坏。

可是，所谓“爱便爱，不爱便丢开”的话，实在缺乏担当与责任感，令人咂舌。萧红落难东兴顺时，他爱她，不顾一切、与之共苦。而今，这一些不复存在了。

再说爱，怕是连萧军也不能令自己信服的吧。

萧军与许粤华的事情，被黄源知道不久之后，黄源便与许粤华离婚。当时，黄源还希望萧军能真心待许粤华，娶她为妻。此时，他顾念起萧红来。最后，许粤华只能无地自容地落单。这件事，萧军、许粤华和黄源，都有意隐瞒了萧红。但萧红之敏感，未必没有察觉。

先有汪林。

后有陈涓。

再有许粤华。

萧红一忍再忍，但何时才是尽头？

是年，3 月 15 日。萧红在《文丛》第一卷第一期发表组诗《沙粒》，写的是她的爱之怆痛。她说，“世界那么广大！而我却把自己的天地布置得这样狭小”。她说，“人在孤独的时候，反而不愿意看到孤独的东西”。她说，“什么最痛苦，说不出的痛苦最痛苦”。她第一次，将自己破碎的心暴露给别人看。

期间，萧红曾离家一次，欲搬去萨坡赛路附近的一个私立画院。报名住下没几日，便被萧军强行接走。她还在朋友圈里落得一个不贤良、坏脾气的名声。更令人难堪的是，萧红在文学上的成就令萧军嫉妒，他竟时常与朋友贬损萧红的写作。类似“她的散文有什么好呢”之类的话，便曾被萧红听到过。

已到这样的地步。

是再无法好好与他在一起了。

性情本不契合，分开也是应当的。但萧军偏不。他一面撕扯萧红，一面又要拥抱旁人。这样的心思，所有冠冕堂皇的说辞都无法推卸萧军在对待萧红一事上的失格。怪也只怪，萧军的一颗心，实在宽宏，能住在他心上的人，远远不止萧红。还会有一个、两个、三个甚至许多个旁人。

1937 年 4 月，萧红打算再次离开上海。与萧军几番交涉之后，萧军终于同意。此时，萧军内心所想依然未必全是顾虑萧红周全。直到萧红起程时候，萧军才豁然知道，眼下这个女子，是终将要离他越来越远了。

1937 年 4 月 23 日，夜。
萧红离开上海，去往北平。

萧红离开当晚，萧军在日记中写下这样的话，“她走了！送她回来，我看着那空旷的床，我要哭，但是没有泪。我知道，世界上只有她才是真正爱我的人！但是她走了！……”听来情真，但大约萧军也就只是说说吧。正所谓，早知今日，何必当初呢？

爱，有时是人生最大的陷阱。

是朝不保夕。
是生不如死。

# 25 | 暗涌

萧红离开北平，已经好久了。

久到与之都有些生分了。

在开往北平的列车上，萧红凝视窗外风光一如目睹如流往事。在北平流离的那几年，一帧一帧映画一般，重又匆匆从她眼下流窜。岁月脚步实在轻快，无声无息就带走她最好的那几年。那几年，她不谙人心，只有热情。车外，并行的铁轨上有大批军人被转移，是赶赴沙场还是衣锦归乡?

萧红怔怔地望得出神。

抵达北平之后，萧红找了几处旅店。在中央饭店住下之后，去找萧军故友未果。幸而，辗转找到李洁吾。是数年未见了。彼时，李洁吾已有家室。

大学毕业之后，便一直在孔德小学当教员。在某旧相识的带领之下，萧红找到了李洁吾的家。

推门一见，李洁吾竟已认不出她来了。萧红已不是当年的小女子。她出落得大方、洋派。是听萧红开口叫他，李洁吾才惊醒，面前的女子正是当年那个时时事事皆义无反顾的张迺莹。有时候，友谊远比爱情更可靠。

得知萧红对现住的旅店不太满意，李洁吾便说次日出门替她去寻，寻一处适宜的住处。重回北平，与李洁吾再见，二人长谈许久。也聊到鲁迅先生，萧红说，鲁迅先生待她如同童年时的祖父。那份情谊和恩慈，她是至死也忘怀不了的。

次日，李洁吾回话说旅店找到了，但没有空房，需要等待几日。萧红便想，那不如就先住在李洁吾的家里，也好有伴，又是故交，怕是不会太寂寞的。李洁吾为萧红整理出房间，房里只一张床、一张桌。陈设简单，但实已足够。

那时，李洁吾并不认识萧军，只是读过萧军的书。两人互诉往事，萧军是避不开的一个话题。从萧红手里看到萧军照片之后，李洁吾觉得萧军是个有魄力的男子。确实也不错，只是魄力有余，贴心不足。每个人都是有一些难以启齿的伤心事。萧红如是，李洁吾也不例外。

据说，李洁吾之妻是来投奔的母亲为他挑好的女子。自幼丧父的李洁吾，对母亲是绝对不愿意讲出一个“不”字。独自抚养他长大成人，吃尽苦，历尽难，而他素来不是执迷私心的人。与谁结婚，都不是妨碍。他便遂了母亲的意思，娶之为妻。

上海那边，自罗烽、白朗夫妇和舒群在上海向萧军、萧红求助而未能被妥帖对待，几乎是葬送了彼此之间的旧日情谊。萧红一走，萧军很是孤独。也是只有在萧军至为孤独的时候，他方才能忆念起与萧红共苦的曾经。

萧军也曾计划离开上海，去北平与萧红见面，再一起去一趟青岛。结果，要帮助许广平将《且介亭杂文》1、2、3 集付印，还要编辑《鲁迅纪念集》等原因，未能兑现。萧红不在，萧军也会反省。在日记里写了不少类似“我不适合做一个丈夫，却应该永久做个情人”之类的话。只是他的反省充满局限。男性沙文主义思想，依然左右着他对待女性的态度。

后来，萧红在北平又遇见舒群。

在上海时，舒群因想经由萧红、萧军拜见鲁迅先生而未能如愿，一直耿耿于怀。但得知萧红来到北平，舒群还是前去看望。也正好，对昔日里令彼此心生芥蒂的事情，萧红也一一向舒群做出了解释。解释终归是必要的。而后，两人和好如初。

待李洁吾为萧红所寻旅店有了空房之时，萧红便离开了李家，搬去了旅店。在京期间，舒群常常去陪伴萧红。他们去北海，爬长城，逛公园，看电影，坐环行电车，去王府井大街，吃涮羊肉。也算是行行乐乐一回了。

只是，夜深无人时分，提笔给萧军写信的时候，还是会忍不住悲从中来。寄给萧军的信中，重复着的是无法摆脱的痛楚。他也说爱她。可是，萧红不知道，为何两个相爱的人却无法好好地在一起呢？这爱，究竟是怎么一回事？竟然困住了她，仿佛还要囚禁一辈子。

5月中旬。萧红在东京创作的散文小说结集出版，取名《牛车上》，仍由巴金主办的上海文化生活出版社出版。之后，萧军想要萧红回上海，写信过去，谎称自己生病。一来，大约是真的想念萧红。二来，对萧红爱上旁人的可能性他没有把握。

是他自己做不到周全，又硬生生要拴住萧红，不能接受萧红有二心。后来，萧军在《萧红书简辑存注释录》当中说："我很理解她好逞刚强的性格，主动是不愿回来的，只有'请'或'命令'以致'骗'才能回来。"当中"命令"的字眼真让人不舒服。

是年，5月下旬。

萧红顾念萧军身体，返回上海。

自此，萧红再没有去过北平，与李洁吾也成永诀。

直到 1937 年 1 月，
萧红方才结束了自己长达近半年的旅日生活，
乘车到横滨，转轮船渡回上海。

不惧离散/只怕动情

『今生你是一片云霞』

陆

# 26 | 沉 欢

1937 年。

中国史册上一个重要年份。

是年，7 月 7 日。驻华日军在卢沟桥附近演习，借口士兵“失踪”，要求进入宛平县城搜查。遭到中国守军严词拒绝之后日军悍然向中国守军开枪射击，炮轰宛平城。“七七事变”爆发，日军全面侵华。

事后，张秀珂投身抗日，去往西安。送走胞弟那日，夜出奇地静，而星又出奇地亮。萧红心中悲伤，不知弟弟这一去，何日才能再见。分明是有好多话想要嘱咐，可临别时分，竟只能沉默。面前这个年轻男子，当真已不是少年时那个苍白瘦小的男童了。

萧红虽顾念他安危，但未阻拦。

她知道，那是弟弟自己的担当和人生。她能做的，只有暗自祈祷他平安。抱别时，有萤火虫蹿过张秀珂的发。那一点微光照进萧红眼里，是刹那间地，萧红便觉自己的世界欲坍圮似的战栗。而谁人会知道，这一别，竟是永诀了。萧红至死，也未能再与弟弟重见。

她亦担忧好友李洁吾的安危，故而写信去问。7 月 19 日，萧红收到李洁吾从北平寄来的信。信中，李洁吾详细讲述了北平的状况。混乱、恐慌，汉奸活动猖獗。并将萧红送给他的两本书也一并寄回，担心毁于战事。李洁吾说，“和土地比起来，书自然很微小，但我们能保卫的，总不要失去”。

之后，萧红将李洁吾的信抄写下来，发表在《中流》杂志第二卷第十期，以告知读者中国人民最真实的斗争。萧红在书信前的按语中写道：“坐在上海的租界里，我们是看不到那真实的斗争……若是发些个不自由的议论，或是写些个有限度的感想，倒不如把这身所直受的人的话语抄写在这里。”

8 月 9 日。驻上海日本海军陆战队中尉大山勇夫率士兵斋藤要藏，驾军用汽车强行冲击虹桥中国军用机场，被机场卫兵击毙。中日交涉无果。遂日军于 8 月 13 日以租界和泊于黄浦江的日舰为基地，对上海发动大规模进攻。“八一三事变”爆发。

在“八一三事变”之后，中日两军展开激战，历时三个月之久，始称“淞沪会战”。上海动荡，已不安全。期间，萧红、萧军的关系得到一个短暂的休憩之后，又因许粤华的不断出现，濒临决裂。萧军在日记中甚至写明“和吟又吵架，这次决心分开”之类的话语。

鲁迅先生生前的日本友人鹿地亘、池田幸子夫妇在上海的处境十分危险。在上海，这对夫妇几乎已无容身之处，中国人不敢收留，亲华立场随时会被日本人抓捕。萧红、萧军也未当真分手，而是将更多的心思花在帮助这对日本夫妇的身上。不过为之四处奔走的，主要是萧红。

一如既往，萧红从未中断写作。一包烟、一支笔、一沓稿纸，便是她最要紧的生活。战争不能阻碍她，贫病不能阻碍她，甚至死亡也不能。这段时间，萧红半个月内先后写了《天空的点缀》《失眠之夜》《小生命与战士》三篇文章。同时，萧红也参与到《鲁迅纪念集》的出版付印工作当中。

上海战事频仍，不少文艺报刊都被迫停办。与此同时，也在战争夹缝中孕生了一些新的抗日报刊。是年，8 月 25 日。茅盾、巴金等人将上海当时最具影响力的《文学》《译文》《文丛》《中流》杂志合并，集合各路文艺工作者，创办了新的《呐喊》周刊。

到第三期时，又改名《烽火》。

胡风也约请了不少文艺工作者，筹办创刊《七月》。刊名本叫《战火文艺》，经萧红提议改名为《七月》。1937 年 9 月 11 日，《七月》正式创刊。正是在《七月》的创刊回忆上，萧红认识她生命里另一个至为重要的男人——端木蕻良。

端木蕻良，满族，原名曹汉文、曹京平。1912 年 9 月 25 日，出生于辽宁省图昌县。1928 年，入天津南开中学读书。1932 年，考入清华大学历史系。同年，加入“左联”，并发表小说处女作《母亲》。1933 年开始创作长篇小说《科尔沁旗草原》，1935 年完成，成为当时东北作家群产生重要影响的力作之一。

席上，萧红与端木蕻良聊得十分投机。较之于萧军的鲁直、粗糙，端木蕻良显得儒雅、细腻许多。在文艺审美方面，也与萧红的观念十分相近。当时，萧红还玩笑似的指责胡风，不早早介绍她与端木蕻良相识。大抵是有一种“相见恨晚”的意味。

是从这里起，他俩的故事有了开始。

1936 年和 1937 年，亦是东北作家群风生水起的年代。是战乱之中英才毕现。譬如舒群：发表20余个短篇小说，出版短篇小说集两部。譬如端木蕻良：于 1936 年完成长篇小说《大地的海》，在《文学》杂志连载，并于 1937 年发表散文十篇，出版短篇小说集《憎恨》。而罗烽、白朗夫妇也相继发表作品若干，并得到广泛好评。

为纪念 1936 年 8 月 15 日就义的金剑啸殉难一周年，流亡至上海的东北作家合力出版了一本纪念文集，以金剑啸生前歌颂东北抗日联军的叙事长诗《兴安岭的风雪》为主体，由白朗和作家金人（原名张少岩，后改名为张君悌，又名张恺年，笔名金人）主编，以虚构的夜哨出版社发行。

同时，这本文集当中也辑录了东北各自书写的纪念诗文若干。包括萧红的《一粒土泥》、白朗的《遗憾，留给了我们》、舒群的《死讽》及罗烽、金人、萧军、姜椿芳、林环、高潮、夏懿等人的作品。

1937 年 9 月。

上海战事越发紧迫，随时有失陷之危。文艺工作者的生存安危成了问题。黄源弃文从武，参加了新四军。罗烽、白朗夫妇也依照中国地下党的指示从上海撤离，迁往武汉。舒群则被中国共产党派往南京执行任务。茅盾回了老家浙江乌镇。端木蕻良则去了浙江嵩坝，找他的三哥曹京襄。

随着国民政府部分机构陆续转移武汉，避难人群也多去往武汉。当时，胡风说他联络了自己在武汉的朋友秦虎炎，可以资助出版文艺刊物。让大家去武汉找秦虎炎。9 月 28 日，萧红和萧军撤离上海，乘火车，去往武汉。

离开上海，再未回来。

自此，她永久告别了嚣艳的十里洋场。

# 27 | 武 汉

武汉，樱花之城。

优雅有时，热烈有时。是时髦的，也是复古的。适合恋爱，胜过适合创作。萧红和萧军抵达的时候，时值初秋。正当好时候。暑热过去，是极致的干爽。秋日武汉，走在大街上，人都似通透些。但萧红此生，原也不是求透彻的。她只求尽兴。

人在外，总是需要朋友的。

生活那样复杂，孤注一掷的人生不是轻易能够安稳的。从武汉火车站出来，他们坐上了一艘黑色轮船，驶往江汉关。船舱内，全是伤兵和难民。他们二人实质上也是避难来的。战乱的大时代下，没有人可以免于流离颠沛。入关前，轮船需要进行检疫。检疫船“华佗”号仪式一般缓缓靠近。然后，他们好运地遇见了故人。

检疫官名叫于浣非，黑龙江省宾县人。早年学医，在宾县创办了一所医院。绘画和写作方面很有天分。当时，他常为《哈尔滨晨光》报副刊撰稿，是东北作家群里的资深人士。在哈尔滨时，萧红、萧军便与之相识。今次能在武汉重逢，当真是不容易了。故人相见，总是颇多感慨。

在武汉，于浣非除了检疫船只，也应邀兼任《大光报》的经理。1932年，哈尔滨沦陷，他与当时《国际协报》副刊的主编赵惜梦等人离开哈尔滨，去往北平，继续从事抗日宣传工作。1935年3月1日，张学良出资在武汉创立《大光报》，赵惜梦任主编，于浣非任经理。

当时，检疫船“华佗”号上还有于浣非的好友诗人蒋锡金。蒋锡金，江苏宜兴人。五四运动时期，积极参加学生救亡运动。学生时代，在《申报·自由谈》《人世间》发表诗歌，并参与编办《当代诗刊》《中国新诗》。1934年，毕业于上海正风文学院国学系。后落居武汉。

来武汉避难的人十分之多。因此，当时的武汉出现房荒，想找到一个住处并不容易。于浣非心系故人，便介绍了蒋锡金与萧红、萧军认识。蒋锡金在武汉的住房还算宽敞，于浣非便想着不如就让萧红、萧军寄宿在蒋锡金处。蒋锡金也是热心的人，同意了于浣非的请求。

住处在小金龙巷21号。

一个坐东朝西的小院。蒋锡金租住的是北侧的两间房。萧红、萧军来了之后，蒋锡金将卧房让给了他们，自己居于小客房里。虽是初识，但彼此都谈得来。情谊是需要依靠时间慢慢积累的。久而久之，三人也就亲密了。

10月初，胡风也来到武汉汉口。

胡风一来，创刊的事情便提上日程。罗烽、白朗等人得知胡风抵达便去找他商议创刊一事。不久，萧红、萧军也到汉口看望。几天之后，一行人聚集在友人金宗武位于武昌小朝街 42 号的一座小花园洋房中，闲谈家常，也商议工作。

随着上海《七月》杂志原班人马聂绀弩等人陆续抵达武汉，他们在小金龙巷开了几次会。胡风本打算将刊名《七月》改回他昔日创想的《战火文艺》，当局不肯，只能再沿用《七月》作为刊名。萧红在武汉《七月》上发表了《在东京》《火线外二章》《一条铁路的完成》和《一九四二年的愚昧》等散文。

10 月中旬。萧红在武汉的《战斗旬刊》的"鲁迅先生周年祭特辑"上发表了回忆鲁迅先生的散文《万年青》。10 月 20 日，又在汉口的《大公报·战线》第二十九号上发表了追念鲁迅先生的散文《逝者已矣！》。

彼时，武汉的战斗书店联络汉口广播电台办了诗歌朗诵的活动。电台每周都为活动安排了朗诵节目。每期节目大约十五分钟，由蒋锡金组织人朗诵。无奈当时条件不允许，因此所有的节目都是未经排练的现场直播。即便如此，播出的效果仍然不错。

之后，端木蕻良来信，说自己途中受伤，耽误一些时间，也未能如当初所设想，和茅盾会合同行。萧军知道之后，很是热情地给端木蕻良写信，让他马上动身来武汉与大家会合。10月下旬，端木蕻良不顾三哥曹京襄的阻拦，启程来武汉。

一下火车，端木蕻良没有去事先准备投奔的亲戚家，而是直接到了萧红、萧军的住处小金龙巷 21 号，与两人相见。那时候，萧红与端木蕻良之间是纯粹的朋友，尚无其他什么情分，萧军对端木蕻良也很是热情，留下端木蕻良与自己同住。

这年冬天，萧红、萧军在青岛结识的挚友张梅林也来到武汉。那时，天南海北的人都在武汉团圆一般地聚集在一起。常常在小金龙巷里谈文学、谈艺术、谈人生，畅快愉悦。仿佛，昔日哈尔滨的“牵牛坊”胜景重现。多年之后，论及那段短暂的宁静时光，都令他们十分怀念。

是在武汉，萧红开始了《呼兰河传》的写作。

1937 年 12 月 10 日。这一群左翼作家受到当局关注，蒋锡金、萧红、萧军、端木蕻良等人先后遭到逮捕。次日，胡风等人托人斡旋，动用上层关系，方才将一行人解救出来。年底，南京陷落。12 月 13 日，日本人制造了震惊世界的“南京大屠杀”。南京距离武汉不远，武汉也非久留之地。

不几日，萧红、萧军搬去了武汉武昌的紫阳湖畔寓所。这里本来是作家冯乃超的住处。南京沦陷，众人纷纷逃离武汉，去往重庆，他的妻子也在这时候先去了重庆，因此，他搬去友人孔罗荪家，将公寓腾出来给萧红、萧军住。当时，蒋锡金也搬去了孔罗荪家。

蒋锡金和萧红、萧军先后离开小金龙巷 21 号之后，端木蕻良便独自住在那里。离开时，萧红很是关切地问端木蕻良，“我们走了之后，没有人给你做饭吃了，看你怎么办？”平时得空，萧红、萧军也会来看望端木蕻良，萧红每每来，总要顺手帮端木蕻良将杂乱的房子拾掇一下。

诸多细节，萧军看在眼中。与端木蕻良之间，也便芥蒂渐生。在小金龙巷 21 号的时候，萧红与端木蕻良之间的互动，已让萧军很是不悦。萧军与端木蕻良的关系一度非常紧张。

1938 年 1 月。

著名民主人士李公朴等人从山西来到武汉宣传国民党将领阎锡山联共抗日。阎锡山创办了山西民族革命大学。阎锡山任校长，李公朴任副校长，共产党员杜任之任教务主任。教员则以中共党员和爱国民主人士为骨干。当时，已有分校四所，学员五千余人。

李公朴此行的另一个目的是为山西民族革命大学招揽教员人才。随行人员当中有端木蕻良的故友藏云远。藏云远动员端木蕻良去山西担任教员，希望他也能助自己一臂之力。随后，端木蕻良将此事告知了小金龙巷诸人，受到萧红、萧军、聂绀弩等众友人的热烈响应。

在武汉，藏云远等人招募学员万余人。抗日热情高涨的萧红、萧军等人坚持与学员同坐运送士兵的绿皮火车前往山西。临行前，胡风让《七月》杂志的出版商拿出了 600 元，每人分发 60 元，聊作稿酬。也是为了让一行人能在旅途之前添置行装，以及为之后的生活做打算。

1938 年 1 月 27 日。萧红、萧军等人在汉口汉润里集合，前往大智门车站西边的一个小火车站上车。未随行的文艺圈友人皆来送行，包括胡风和后来抵达武汉的妻子梅志，以及蒋锡金、孔罗荪等人。

行路漫长，萧红去往更远的远方。人生是一场跋涉，一场旅行。没有走过的，只是路，走过的，才是她的人生。从呼兰到哈尔滨，从哈尔滨到北平。然后是青岛、上海、武汉……今次，要去山西，要去临汾。将来呢？还有西安，还有重庆，还有北碚，还有南方以南的香港。

她真正的故乡，是远方。
她人生的真相，是流浪。

# 28 | 临汾

一路颠簸，一路行走。

一程荒疏，一程萧索。

这塞外，这西北，这黄土高原。是与东北、与江南皆两样的景致了。那一种荒凉的辽阔让人心惊。世间，原也不是只有小桥流水、亭台楼榭的。还有这宽宏的、雄伟的、壮烈的、苍凉又暗淡的美。贫瘠的土壤之上，尽是呼啸的睥睨人间的风。

列车上还有诗人艾青。他也是从武汉一起要去往山西的。大抵也是初见黄土高原上这粗犷的景致时惊心了，所以，艾青写下了那首著名的《北方》。北方，有多荒凉，就有多美。列车外，是“荒漠的原野冻结在十二月的寒风里”。

进入山西境内，萧红一行人换乘阎锡山在山西修建的小火车。在路上，他们度过了十一个夜晚，于1938年2月6日抵达山西临汾。临汾，“南通秦蜀，北达幽并，东临雷霍，西控河汾”。是交通要道，因为出入皆算方便。当夜，他们到了山西民族革命大学。

不久，丁玲来了。

丁玲，20世纪30年代中国最出色的女作家之一。原名蒋伟，字冰之，又名蒋炜、蒋玮、丁冰之，笔名彬芷、从喧等。1904年10月12日出生于湖南临澧。1918年，就读于桃源第二女子师范学校预科，次年转入长沙周南女子中学。后入岳云中学就读。

1922年年初，赴上海，曾在陈独秀、李达等创办的平民女子学校学习。1923年，经瞿秋白等人介绍，入中国共产党创办的上海大学中国文学系学习。次年夏，转赴北京，曾在北京大学旁听文学课程。

1924年年底，处女作《梦珂》发表于《小说月报》。1928年，完成代表作《莎菲女士的日记》，震惊文坛。1930年，参加中国左翼作家联盟，完成第一部长篇小说《韦护》。1932年，加入中国共产党。

1933年5月，丁玲被国民党特务绑架，拘禁在南京。宋庆龄、蔡元培、鲁迅、罗曼•罗兰等国内外著名人士，曾发起抗议和营救活动。敌人对她威胁、利诱、欺骗，企图利用她的名望为国民党做事，都遭到拒绝。同时，她积极寻找中共地下党组织，1936年9月逃离南京，奔赴陕北。

丁玲来到临汾时，带领着“西北战地服务团”。当时，丁玲和所有成员跟来支教的文艺同行住在一起。每个屋要住五六个人才可以。是有些拥挤，但从另一个层面来讲，也促进了彼此之间的接触、交流和了解。萧红，因而见到了盛名在外的丁玲。

这是萧红与丁玲的初次见面。

长期的军旅生活，让丁玲的身上退却了在旁人心中女作家应有的那一种娴静与清媚，变得粗犷、爽直、刚毅。看到萧红，令她很是欣喜。萧红虽不娇小，却仍是有一种玲珑的样子。那也是丁玲昔日有过的好看的样子。虽然两人在性格上仍有差异，但却丝毫没有妨碍两人的沟通。

忆及当年与萧红的见面、倾谈，丁玲说，“骤睹着她的苍白的脸，紧紧闭着的嘴唇，敏捷的动作和神经质的笑声，使我觉得很特别，而唤起许多回忆，但她的说话是很自然而真率的”。

又说，“我很奇怪作为一个作家的她，为什么会那样少于世故，大概女人都容易保有纯洁和幻想……我们都很亲切，彼此并不感觉到有什么孤僻的性格。我们尽情地在一块儿唱歌，每夜谈到很晚才睡觉。当然我们之中在思想上，在感情上，在性格上都不是没有差异，然而彼此都能理解，并不会因为不同意见或不同嗜好而争吵，而揶揄”。

不几日，“上海文化界抗日救亡演剧一队”也辗转到了临汾，与丁玲带领的“西北战地服务团”会合。如此一来，临汾的抗日文艺氛围变得十分浓烈。萧红也继续着自己的文学创作，写下了散文名篇《记鹿地夫妇》。

聂绀弩怀念萧红时写的那一篇《回忆我和萧红的一次谈话》所记叙的便

是发生在大家齐聚临汾时候的事情。只是，在临汾住了不过二十日，一行人就又匆匆上路。

1938 年 2 月，晋南战局发生剧变。太原失陷，日军兵分两路开始向临汾进攻。山西民大的人员也开始紧急疏散，欲撤离至山西西南的乡宁一带。当时，校方决定，招募来的教员愿意留校，便与学校师生一起转移。不愿继续留教，则可以与丁玲的“西北战地服务团”一同向晋南的运城一带撤离。

是在这时，萧红与萧军产生冲突。

并且决裂。

军人出身的萧军始终不曾遗忘军人职责，投身抗日也是他一直以来的愿望。萧军要留下参加游击队。但萧红以为，他们应当做的不是战死沙场，而是用自己擅长的文艺工作来宣传抗日。只是分工不同的区别。可是，萧军知道，“自己并非是一个适于做这类工作的人或这类‘材料’”，当一个作家，也一直不是他的终生目标。

萧红、端木蕻良、聂绀弩等人随丁玲一起转移，但萧军坚持留下。最终，是在丁玲劝说下，萧军才放弃从军的想法，去了五台山。但仍旧未能与萧红一起走。

这“去”或“留”的问题远不如看上去那样简单，这涉及萧红与萧军迥然不同的价值观和人生观。而这当中的差异，是永不可能调剂与融合的。也是时代的使然——他们终于走到这一步。

他们只是没有说分手的话。

萧红走的时候，萧军来送他。月台上，萧军迟迟不肯离去。萧红虽也说“你回去罢”，可心里分明是有着千万个不情愿的。因为，他们都知道，这一别，怕也是永诀了。哈尔滨，青岛，上海，武汉，临汾。他们一起走过的路，实在好久，好长。久过厮守，长过白头。有温柔，有辛酸，世间甘苦，也都曾一起体尝。

可是，亲爱的。

你若不在，
我将如何面对，
日渐老去的时光？

# 29 | 西 安

1938年3月1日。

萧红与丁玲等人，抵达陕西潼关。短暂停留之后，一起登上了开往西安的火车。原本，萧红以为是要去根据地延安的，当时她好兴奋。可是，途中丁玲接到上级指示，需要他们去西安，到国统区开展抗日宣传工作。遂，延安之行夭折，转而去往西安。

抵达西安之后，丁玲与“西北战地服务团”一行人住在位于西安北新街中段东侧的一处叫作“七贤庄”的地方。七贤庄，是一片四合院式的平房建筑群，当时八路军在西安的办事处也设在七贤庄。萧红、端木蕻良等人则住在民族革命大学在西安的招待所里。

招待所的条件相对比较好。吃住都不错。不过，不时有特务在附近出没，出于安全的考虑，一行人也搬去了七贤庄。萧红、端木蕻良和聂绀弩等人被安排住在位于七贤庄的梁府街女子中学的大院里。距离丁玲的住处也并不太远。因此，萧红与丁玲常常见面。

一段时日交往下来，萧红与丁玲之间是较为亲密的。丁玲回忆说道，“……我们在西安住完了一个春天。我们痛饮过，我们也同度过风雨之夕，我们也互相倾诉……但我仍会觉得我们是谈得太少的，因为，像这样的能无妨嫌、无拘束、不须警惕着谈话的对手是太少了啊”。

在七贤庄，萧红与诗人塞克（本名陈凝秋）、端木蕻良、聂绀弩等人共同创作了话剧《突击》。后来，在西安公演，十分轰动。也因此，萧红受到周恩来等领导人的接见，深感荣耀。然而，此时的萧红却意外地发现，自己怀孕了。

不久，萧红在一封写给胡风的信里说道，“这一遭的北方的出行，在别人都是好的，在我就坏了。前些天萧军没有消息的时候，又加上我大概是有了孩子。那时候端木说：‘不愿意丢掉的那一点丢掉了；不愿意多的那一点，现在多了。’”

离开萧军之后，萧红的心有了一种从未有过的豁然。不离开时，以为他便是天、是地、是生之所系。纵是焦灼、忧愁，甚而苦痛、绝望，也似是惯性一般觉得理应忍耐下去。其实并非如此。果真离开了，方才知道人生大可以有另外的过法。

只是，忘却这件事，哪里容易。

也许是一行人当中聂绀弩与萧军最亲密的缘故，那段时间，萧红常与聂绀弩倾谈心事，关于萧军的事。与端木蕻良也会谈说，聊的都是另外的、纯粹的、与萧军无关的文艺方面的事。端木蕻良的文艺知觉与萧红在同样的审美范畴之内，因此，二人总是聊得愉悦。

端木蕻良是个很洋派又有小资趣味的人，对政治也不热心，崇尚的唯自由而已。这在当时是极不受阶级意识过于强烈的左翼作家欢迎的。因此，他在人群里总显得孤立、不合群。很多人都不喜欢端木蕻良。但论究竟，这也并非是端木蕻良的问题。

这让端木蕻良与众人格格不入，却不令萧红反感。反倒，萧红很是喜欢端木蕻良的儒雅。唯一令萧红所不认同的，是端木蕻良的软弱和怯懦。面对冲突，端木蕻良是常常采取回避的方式。这一度让萧红觉得他是个担当不够、勇敢不够的人。好在，冲突并不常有。

更多时候，他的性格仍是讨萧红喜欢的。时日长久之后，两人开始走得亲近些。萧红与端木蕻良的感情，不似与萧军那般迅疾、猛烈，而是极其缓慢地在发生。大概可用“日久生情”来形容。

是年，3月中旬。丁玲因与年轻团员陈明相爱，被视为异端。由于上级过问，丁玲去了延安一趟。当时，聂绀弩伴行。丁玲去延安时，萧军也从去往五台山的途中转道延安。半个月之后，丁玲回到西安，在聂绀弩的劝说下，萧军也一并来到西安。

萧红与萧军，避不开似的又见面了。

萧军的出现，令萧红惊诧。萧红知道，只要萧军在，所有的过往她就忘不掉，所有的曾经她就丢不了。可是，她是那样期望着自己能够彻底告别这段曲折哀痛的情。她是真的很倦、很倦了。萧军来到西安没多久，萧红便当着别人的面跟他说：

我们永远分开罢。

她是故意逼迫自己断掉后路的。

世上就是有这样一群人，分明相爱却是至死也无法好好地将彼此对待。爱并痛的人生，不是萧红想要的。萧军也是好干脆地说“好”。在《萧红书简辑存注释录》里，萧军说，“我们永远的‘诀别’就是这样平凡而了当的，并没有什么废话和纠纷地确定下来了”。

他们终于分开。

有些狠话，萧军也只是说说罢了。事后，他一而再再而三地想要与萧红单独讲话，萧红不再给他机会。故而，萧军迁怒端木蕻良。在萧军看来，他与萧红恋情的结束，都是端木蕻良的错。他甚至要与端木蕻良决斗。萧军就是有一种少年般粗野的稚气。萧红阻止了他。

萧红说：“若是你还尊重我，那么你对端木须要尊重。我只这一句话，别的不要谈了。”是好利落决绝地，要萧军放弃与她的一切。而萧红与端木蕻良日渐亲密的关系，甚至某种程度来说，与萧军是有关的。他对端木的敌视，无意当中，让萧红不得不走近，甚至保护端木蕻良。

萧军从来不曾想到，昔日仿佛是依附于自己的爱才得以生存的萧红，竟也有如此果决刚毅的时刻。直到今日今时，他也不曾给过萧红一个正式的名分。他不是不知道，在与萧红的关系里，他做错了多少。而今，他终于明白，他与萧红，是永不能回到过去了。

他是彻彻底底地，失去了她。

端木蕻良呢，因在萧红与萧军愈演愈烈的纠葛之中一再被涉及，也已被所有人认定是与萧红有亲密关系的。既是出于道义，不愿令萧红受萧军无名分的委屈，也是心疼萧红，不愿意令她终日难过，他决定跟萧红在一起。

萧红与端木蕻良关系日渐明确之后，萧军在西安是寝食难安，再不愿多待的。是年，4 月下旬。萧军与塞克、音乐家王洛宾等人一起离开西安，计划去往新疆。途经甘肃兰州的时候，萧军结识了他后来的妻子王德芬，两个月后便在报纸上刊登了订婚启事，正式结婚。

自此，二人至死未再相见。

不久，在上海结识的故友池田幸子辗转抵达武汉，写信给萧红期望她也可以去。丁玲则希望她能和自己一道，完成萧红之前未能如愿的延安之旅。萧红拒绝了。萧红的拒绝，与端木蕻良在左翼作家群体当中不受欢迎有很大关系。

几日后，萧红和端木蕻良回到了武汉。

# 30 | 浮 城

重回武汉，萧红再次住到小金龙巷21号。自然，他们是联络了故人胡风。胡风也不例外，对端木蕻良观感不佳。胡风忍不住责怪萧红。其实，这时他不该过于厉声干涉的。胡风的过问和指责令萧红十分不悦。经此一事，萧红与胡风的关系便不似往日亲密了。

也会去胡风处做客，但多半都是萧红独自一人，未带端木蕻良同行。也许是孕期的缘故，即便是到胡风家，萧红更愿意跟胡风的妻子梅志讲话。那时，胡风与梅志的儿子已大些了，见到萧红总唤她“萧姑姑”。萧红听到，也很欢喜。

说到孩子，腹中是萧军的骨肉，她是不愿意生下来的。端木蕻良曾试图劝阻，无奈萧红态度强硬，不肯生养这个孩子。这是她的第二个孩子，她不知道，这也是她此生最后一个孩子。若是她晓得，想到昔日讲出口的话，她会如何呢？

1938 年 4 月 29 日。

胡风主理的《七月》杂志召开文艺座谈会，主题是“现时文艺活动与《七月》”，萧红也阐述了自己的看法。5 月初，端木蕻良的三哥曹京襄到武汉与恋人刘国英举行订婚仪式。得知端木蕻良欲娶萧红为妻，很是反对。曹京襄觉得，弟弟娶一个年纪比自己大并且怀着孕的女子实在荒唐。

可是端木蕻良心意已决。无法。

5 月 15 日，萧红在《七月》杂志上发表了随笔《无题》。不久，《七月》停刊。此后，萧红便与当时《七月》杂志的作家群日渐疏远了。5 月下旬，梅志怀上第二个孩子，有堕胎打算。萧红便与梅志一直咨询堕胎事宜，无奈费用昂贵，堕胎的计划作罢。萧红腹中的孩子，也得以与萧红延续了几个月的母子情分。

另一边，曹京襄因劝阻端木蕻良未果，离开之前便留给了他一笔费用，供他结婚时用。曹京襄离开不久，端木蕻良与萧红便在武汉汉口的大同酒家举行了婚礼。端木蕻良顾念萧红，深觉她与萧军在一起时的百般委屈是与没有名分有关的，所以，他誓要名正言顺地迎娶萧红过门。

大婚那日，十分热闹。

据说，那天胡风起哄，要一对新人讲述恋爱经过。萧红则微微一笑说：“我和端木蕻良没有什么罗曼蒂克式的恋爱历史，是我在决定与三郎永远分开的时候发现了他。我对他没有什么过高的希求，只是想过正常的老百姓式的夫妻生活。没有争吵、没有打闹、没有不忠、没有讥笑，有的只是互相谅解、爱护、体贴。”

略沉默后，她又说：“我深深感到，像我眼前这种状况的人，还要什么名分，可端木做了牺牲，就这一点我就感到十分满足了。”那一日，萧红忽觉，岁月待她并非是她想象那般刻薄。也是会怜悯她、顾念她的。也是从未有过的，她觉得身边的端木蕻良，是那样的妥帖。

因为端木蕻良，萧红终究是与昔日里共患难的左翼作家知交们渐行渐远了。那时，萧红的身体也开始出现一些问题。不多久，徐州失陷，武汉告急。战火蔓延而来。是年，8 月 5 日。当局拟订保卫武汉的作战计划，武汉三镇的民众开始撤离。

当时，重庆的情况最好。

奔逃至重庆的人很多。从武汉去重庆，要坐船。船票十分紧张。几经辗转，萧红与端木蕻良也只弄到了一张票。端木蕻良坚持让萧红先走，萧红不允。她说，怀有身孕已久，自己行动不便，就算到了重庆，怕是连落脚的地方都不找到。萧红让端木蕻良先去，找到住处，她再走不迟。

端木蕻良自然也不肯。他哪里能放心让一个怀孕的女子独自留在危险的武汉。恰好，友人田汉和妻子安娥也打算去重庆，安娥承诺萧红与他们同行，必定安全。如此，端木蕻良方才同意先行，去重庆找好住处。

无奈端木蕻良遭受左翼作家群的排挤，他离开萧红独自先行离开奔往重庆一事，也被以讹传讹，说成是他弃离萧红于战火而不顾，让他落得一身骂名。抵达重庆之后，端木蕻良未能及时找到栖身之地。

好在当时复旦大学因战内迁至重庆北碚。在复旦大学教务长孙寒冰的帮助下，端木蕻良得以住进复旦大学主办的《文摘》杂志门市部的单身宿舍。并受聘担任复旦大学新闻系的兼职教授。月薪几十元，算是不错。

之后，他找到自己在南开中学念书时的同窗范士荣。托付他替萧红寻一处住所。办好这些事，端木蕻良火速写信催促萧红早日赴渝。跟随在田汉夫妇身边的萧红，身不由己。因田汉的工作而耽误了赴约。最后，她只能短暂栖身于武汉的“中华全国文艺界抗敌协会”。

8 月 11 日，萧红和冯乃超的夫人李声韵结伴去了武汉汉口的三教街。那里有“文协”的一个临时机构。在这里，萧红住了月余的时间。期间，她仍然坚持创作，写了短篇小说《黄河》《汾河的圆月》等作品。也依然在抽烟，不曾顾念腹中胎儿。

是年，9 月中旬。

萧红终于买到船票，与李声韵再结伴，去往重庆。

不惧离散/只怕动情

# 『今生你是 一抔尘沙』

柒

# 31 | 重 庆

船行十日，抵达重庆。

“曹太太……”

被端木蕻良带至好友范世荣的家中时，萧红听到范世荣的妻子这样叫她。刹那间，萧红有些恍惚。从来没有人叫过她“太太”，仿佛她从来不曾被人爱过，仿佛是孤身一人无依无着地走过了这许多年。是伤心之余，她又有些惊喜。是，她终于做了“太太”了。

休息几日之后，萧红继续写作。对写作，萧红有一种宗教式的热情。她不信仰任何人、不标榜自己随任何党派，她唯一爱之如生命的，是手中的那一支笔。1938 年 10 月，萧红相继写下了散文《鲁迅先生记》、短篇小说《孩子的讲演》和《朦胧的期待》等作品。

11 月，萧红进入临产期。当时，罗烽、白朗夫妇抵达四川江津（今重庆市江津区），写信给端木蕻良如果在重庆无处落脚可以去江津找他们。因萧红临产，而白朗有生产经验，并且罗烽的母亲也与他们同住，可以照看萧红。端木蕻良便写信问讯。罗烽、白朗夫妇很是欢迎。

在罗烽家，萧红住了二十余日。萧红不是一个好脾气的人，天性又敏感。为人处世方面，亦不算成熟。有时候，萧红情绪会失控，甚而对罗烽的母亲发脾气，这是令罗烽、白朗夫妇十分难堪的。好在，夫妻二人宽仁，尽量不去计较。

说到底，还是孩子的缘故。

孩子生不生？
孩子怎么生？
孩子还是萧军的。

一切，都令萧红崩溃。

后来，她在江津一家小医院产下一名健康的男婴。不过几日，男婴离奇死亡。而对儿子的死，萧红竟表现出一种令人瞠目结舌的冷漠。这桩事情，出自白朗的养女金玉良日后在《香港文学》发表的文章《一首诗稿的联想——略记罗烽、白朗与萧红的交往》。据金玉良所述，这是白朗生前告诉她的。

至于，可信度有几分，不得而知。

产后，萧红不愿住院。中国自古便有传统，说生产之后未出满月的女子是不能随便住在家中的。因此，罗烽、白朗夫妇买好船票，将萧红送回了重庆。萧红生产期间，端木蕻良在沙坪坝歌乐山下找到同居的住处。回到重庆，萧红的身体略有好转。

彼时，端木蕻良不仅在复旦大学任教，也开始和作家靳以（原名章方叙）创编《文摘战时旬刊》。每日早出晚归。要先去北碚，到上海的复旦大学，再回到沙坪坝编辑《文摘战时旬刊》。每日忙完诸般事务，十分疲劳。萧红，则一个人独自在家写作。

是年，12 月 22 日。苏联塔斯社重庆分社记者罗果夫采访萧红，问询鲁迅先生的事。萧红向罗果夫讲述自己与鲁迅先生相识的过程，包括扶助自己出版《生死场》的前后琐细。并列举了一些与鲁迅先生有交集的人名，建议罗果夫深入采访。想读懂鲁迅先生，不是一件容易的事情。

随着武汉的陷落，12 月，胡风带着怀孕的妻子梅志，一家人也来到重庆。住在重庆瓷器街的永华旅馆。次年 1 月，梅志诞下一名女婴。得知梅志产女，萧红便特地赶去看望。那日，萧红好美。一身黑色丝绒旗袍，拈一枝尺余长的梅花，来看她。

端木蕻良与胡风虽交情不深，彼此并不投机，但碍于萧红的情面，他也常常会与萧红一起，去胡风住处看望他们夫妻。只是，端木蕻良在的时候，四个人总陷入沉默的尴尬。单单只有萧红的时候，便要好许多。这是没有办法的事。

人与人之间的关系总是微妙的。

一日，萧红又来看望。梅志与之聊得甚欢。酣畅时，便想起昔日萧军寄给她与胡风的一张新婚照片，就拿出来递与萧红看。萧红看时，她还在一旁讲说拍照那日的境况。瞬间，萧红的脸色便有些不太好看。待梅志察觉时，萧红只冷冷说了一句，“我走了，你同胡风说我来过了”。

是万万不该提及的人。

是千方百计想要避开的人。

是忘却到几乎以为不再想念的人。

这个人，却被梅志重又翻拿出来，细细讲说了一番。梅志说完就悔极了，可已不能挽回。凡是论及萧军，萧红便会变成一个悲观、狭隘，甚而有些阴暗的人。她以为，梅志存心不想让她好过。也是因为这个缘故，萧红自此便与胡风、梅志不太来往了。她实在没有办法处理得妥当。

萧军，是她一辈子的万丈深渊。

当时，歌乐山山腰有一家孤儿院。萧红常去。后来，还以孤儿院为题材，写了散文《林小二》。情归情，事归事。一切都不能妨碍她写作。期间，她还应邀为纪念世界语创始人柴门霍夫写了散文《我之读世界语》。又把《万年青》和《在东京》两篇散文，改写为《鲁迅先生》，分为一、二篇发表在《新华日报》上。

1939年的春天，蛰居于歌乐山的萧红，相继创作并完成了散文《滑竿》《长安寺》，短篇小说《山下》《莲花池》等作品，并计划开始长篇小说《马伯乐》的写作。4月5日，她写给许广平的一封信也以《离乱中的作家书简》为题，发表在许广平在上海创办的《鲁迅风》杂志第十二期。

之后，在香港主持《星岛日报》“星座”副刊的戴望舒，向萧红和端木蕻良来信约稿。恰逢端木蕻良在写一篇抗战题材的小说《大江》。戴望舒便希望他手书标题寄去香港，美化版面。有趣的是，最后是萧红信笔将“大江”潇洒落于纸上。萧红、端木蕻良与香港的关联，开始密切。

香港《星岛日报》“星座”副刊连载端木蕻良的《大江》时，也发表了萧红包括《旷野的呼喊》等作品。日军对重庆的轰炸时有发生，但萧红与端木蕻良二人终日与纸笔做伴，尽可能地不去理会窗外的战火硝烟。生死天定，他们豁然许多。只是，午夜梦回，总会受惊。

枪炮声不绝于耳的生活。

没有人会安心。

1939年5月，日军开始轰炸重庆。五月三日、五月四日，连续两天的轰炸，致使重庆死伤四千余人，十万人流离失所，无家可归。事后，萧红义愤难平，写下散文《轰炸前后》，发表在端木蕻良和靳以合办的《文摘战事旬刊》上，严厉控诉日军暴行。

那是一个黑暗的年代。

又是一个光明的年代。

黑暗的是死亡，
和那无休无止的战事。

光明的是萧红，
和她铿锵有力的文字。

# 32 | 清欢

1939年5月。

萧红和端木蕻良搬离歌乐山，蛰居位于北碚黄桷树镇的黄桷树山下的苗圃。那时，孙寒光曾有意邀请萧红也去复旦大学讲文学课，但萧红不懂迂回，严词拒绝，令站在一旁的端木蕻良十分尴尬。他只能圆场说，再商量商量。

哪里还需要什么商量。萧红一听，以为端木蕻良也想让她去上课，令她很是不悦。还与端木蕻良拌起嘴来。但萧红也不是爱闹的女子，几句话的工夫，情绪也便过去了，又与端木蕻良玩笑起来。如此看来，萧军的确也是很了解她的。昔日，便总说，萧红是不谙人情世事的。

其实，这也是萧红的纯真之处。

在苗圃的时候，萧红开始出现肺结核的症状。时常干咳。无奈当时重庆医疗条件不佳，萧红未能得到及时有效的治疗。当时，她也曾写信给端木蕻良的二哥曹汉奇询问北京协和医院的情况，曹汉奇因为脊椎骨结核在北京协和医院接受治疗。

是年，秋。萧红和端木蕻良又搬到了镇上的秉庄。住进了复旦大学的教授宿舍。秉庄是一座两层的现代楼房。胡风为了生计，也当了复旦大学的教授，因此和梅志也搬来此处。虽私下与胡风、梅志来往不似从前频繁，但胡风主持的一些文艺活动，萧红仍有参加。

10 月 19 日。鲁迅先生逝世三周年。

萧红编辑整理出了长篇回忆录《回忆鲁迅先生》，于 10 月 36 日完稿，而后寄去上海，交与许广平审订。次年 7 月，这篇回忆录由重庆妇女出版社出版。当中还收录了鲁迅先生故友许寿裳先生的文章《鲁迅先生的话》和许广平写的《鲁迅和青年》。

与端木蕻良在一起的这段时间，萧红也渐渐明白一些与人相爱的道理。不再痴迷一些不切实际的温情，那只会令人难受。与他相敬如宾，过尽可能安稳平静的生活，就是最好的。

当时，复旦大学的体育教员陈炳德是众人心知肚明的文化特务，左翼作家都对他小心提防。陈炳德却不低调，连同家中女佣也狐假虎威，常给住在教授宿舍的左翼作家们制造麻烦。女佣也时常将酱油瓶或是鞋袜之类的东西放在萧红住处的窗台。这令端木蕻良很是不悦。

交涉未果，端木蕻良便将放在窗台的鞋丢下楼去。不料，女佣很是泼辣地找上门来，吵闹不止。女佣虽说的是四川方言，不易听懂，但端木蕻良知道她是在辱骂自己，情急之下，就很大力地把女佣推了出去。女佣凶悍，觉得自己被打愤愤不平，便在门口撒起泼来，不依不饶。

端木蕻良见势，知道女佣是个大麻烦，想躲个清净。萧红体弱，又不是女佣的对手。无奈之下，萧红只能去别家求助。她敲开了与端木蕻良合办《文摘战时旬刊》的靳以家的门。是靳以带着萧红拉走了陈炳德家的恶仆，跑去医院又是验伤又是赔钱，方才了事。

端木蕻良怯懦的性子令萧红相当不满。平日里，端木蕻良也不会替萧红分担家务。家中大小事宜都是萧红一人操心。怨怪彼此继而吵嘴的事情，是绝大多数的夫妻生活里难以避免的。人是独立个体，世间绝无两心一致从无层次的一双人。萧红和端木蕻良之间，也存在这样的问题。

离开萧军，是一个问题的结束。
走进端木，却是另一个问题的开始。

龙应台写过这样一段话：

人生其实像一条从宽阔的平原走进森林的路。在平原上同伴可以结伙而行，欢乐地前推后挤、相濡以沫；一旦进入森林，草丛和荆棘挡路，各人专心走各人的路，寻找各人的方向，那推推挤挤的群体情感，那无忧无虑无猜忌的同侪深情，在人的一生中也只有少年期有。离开这段纯洁而明亮的阶段，路其实可能愈走愈孤独。你将被家庭羁绊，被责任捆绑，被自己的野心套牢，被人生的复杂和矛盾压抑，你往丛林深处走去，愈走愈深，不复再有阳光似的伙伴。到了熟透的年龄，即使在群众的怀抱中，你都可能觉得寂寞无比。

萧红如是。她的人生，是越走越寂寞。是为了放弃萧军，甘愿选择了这样的生活。起码，她会过得淡静、安稳些。旧友纷纷离开，爱情慢慢退场，有的便只是端木蕻良——一个波澜不惊的生活里相依为命的伴侣。

私以为，萧红与端木蕻良，像战友、伙伴，胜似于夫妻。这大抵也是因为两人结合的特殊性造成的。不是当初与萧军那样地热烈相爱，不能分开。是为了躲避萧军而骑虎难下、没有退路地与端木蕻良走到了一起。爱，大约也是有的。只是不够强烈，不够深刻。

更多的时候，两人表现出的是一种日久生情式的亲人关系。甚至于越过了相爱的阶段，而直接走到同一屋檐下——两两坐下，写作、吃茶，也不说太多的话。远不似寻常的新婚夫妻那般爱浓情稠、抵死缠绵。

后来，萧军来到重庆的消息被萧红知道。战火尚且无畏无惧，不足以让她离开重庆。可萧军却不同，他一来，她便是片刻也不愿意留在重庆了。假装忘却了的过去，从来都不曾远离。无声息地躲在黑暗角落，时刻准备向萧红袭击。

这是她无法承受的。

1939 年，年底。萧红和端木蕻良决定离开重庆。

# 33 | 香港

1940 年 1 月 17 日。

萧红和端木蕻良从重庆起飞，落地香港九龙。此行是隐秘的，他们不曾通知别人，唯有华岗知道。华岗是萧红和端木蕻良在重庆时期来往最多的人。华岗曾担任重庆《新华日报》的副主编，期间，萧红曾在《新华日报》发表了纪念鲁迅先生的文章，遂相识。

之于萧红，离开重庆的主要缘故极有可能便是萧军赴渝的事。对外，端木蕻良说的是显而易见的境况，躲避战乱。离开重庆之前，他们曾找华岗商议此事，问询意见。对他们赴港一事，华岗很是赞成。华岗说，香港的文艺阵地也很需要人才。

定下此事，二人怕被特务知晓继而进行阻挠，行事隐秘。飞机票是端木蕻良委托当时在中国银行工作的朋友袁东衣为他们争取到的银行内部保留舱位，并不容易。拿到机票之后，二人未回北碚，是几乎没有行头地便匆匆登机离去。

北碚住处的稿件、书信和重要物件，是端木蕻良后来委托自家远亲贾开基夫妇代为整理收拾的。抵达香港之后，萧红和端木蕻良住在位于九龙尖沙咀金巴利道诺士佛台 3 号的一座楼房里。

这是一个他们完全陌生的城市。

萧红不知道，是否会在香港居住得稍久一些？还是，一如从前历经过的地方，停停又走走，不知何时是尽头？在香港，萧红依然是活跃的。但许因香港是英属殖民地的缘故，眼下的城市，虽如上海一般繁丽，却终究是异乡之感更浓烈了。

是有一段无法亲近的距离。
是有一种不能依傍的生疏。

1940 年 1 月 30 日。叶灵凤主持的《立报》“言林”副刊发布消息：“端木蕻良、萧红，昨日由内地来，暂寄九龙某处。”2 月 5 日，“文协”香港分会，在大东酒店为端木蕻良、萧红接风。3 月 3 日，他们又参加了香港劳军游艺会筹备委员会在坚道养中女子中学举行的座谈会。

不久，萧红的短篇小说集《旷野的呼喊》由上海杂志公司出版，列入剧作家郑伯奇（原名郑隆谨，字伯奇）主编的《每月文库》第一辑第十册。4 月，萧红和端木蕻良以“文协”会员身份加入了香港文协。恰逢香港文协换届大会，端木蕻良被推举为理事。

落居香港之后，戴望舒来看望过。戴望舒也曾有意邀请他们去自己家中住。戴望舒和妻子穆丽娟、女儿一起住在香港大学对面山上的一座小别墅里。环境甚美。但端木蕻良此时患有风湿，略有不便，也就推辞了。是尽量地，不想去打扰旁人的。

日子过得很快。她是从未有的，心中有思念，却不是因为哪个人。她很是思念内地。也不知是有心，还是无意，她出生在中国北方以北的呼兰，而今竟已流离至南方以南的香港，和金发碧眼的洋人穿梭在同一座城市。初夏时候，她给白朗写过一封信。

信中，她说：

不知为什么，莉（白朗原名刘冬兰，又名刘莉、弋白、杜微等），我的心情永久是如此的抑郁，这里的一切景物都是多么恬静和幽美，有山，有树，有漫山漫野的鲜花和婉啭的鸟语，更有澎湃泛白的海潮。面对着碧澄的海水，常会使人神醉的，这一切，不都正是我往日所梦想的写作的佳境吗？然而呵，如今我却只感到寂寞！在这里我没有交往，因为没有推心置腹的朋友。因此，常常使我想到你，莉，我将尽可能在冬天回去…

她的身体，自来到香港之后，也越发坏起来。肺结核一类的病症患者，是不宜居住在气候湿热的香港的。当时，他们也并不知道，最适合她居住的地方是干爽的西安。可是，说到西安，仿佛已是好久远、好久远的事情了。

在香港，萧红笔耕不辍。经典之作《呼兰河传》就是在香港构思并写作完成的。本来，她取的书名叫《呼兰河的女儿》，后经端木蕻良提议，定为《呼兰河传》。这部作品，在《星岛日报》“星座”副刊上连载了三个月之久。

随后，萧红又完成了《后花园》《小城三月》等作品。其中，还有长篇小说《马伯乐》。因为题材小众不易发表，所以写得不太顺畅。几经搁笔又几经续写。但最终仍是没有写完，是萧红写作生涯里一件非常遗憾的事情。

1940 年 6 月，重庆大时代书局出版了萧红的散文集《萧红散文》，是一部散文精选集。7 月期间，重庆妇女生活社出版了长篇回忆录《回忆鲁迅先生》。12 月 20 日，萧红将《呼兰河传》写完。12 月 27 日，《呼兰河传》也在报纸上连载结束。

这段时期，她著作颇丰，生活不错。只是，身体残损一般日益衰败。一夜之间，她觉得自己老了。女子之老去，有时仿佛就是刹那、瞬间、突然发生的事情，令人措手不及，没有余地。只能眼睁睁看着身体，布满岁月风霜之痕迹。

弹指一刹那，刹那一芳华。

岁月如流沙，细细缓缓，日渐刺伤城市的脸庞，终要划破人生的行囊。人生如戏，戏如呼吸。活了半生，也是一世，呼吸吐纳之间，路也就越走越远，往事也只能越来越淡。再深奥的智慧，也无法参透生死起伏的玄机。能做的，只能是好好领悟沿途的美丽，和擦肩而过的旖旎。

活在世上，就活在一个谜题里。

戴望舒有首诗叫《寻梦者》。

当你鬓发斑斑了的时候，
当你眼睛朦胧了的时候，
金色的贝吐出桃色的珠。

把桃色的珠放在你怀里，
把桃色的珠放在你枕边，
于是一个梦静静地升上来了。

你的梦开出花来了，
你的梦开出姣妍的花来了，
在你已衰老了的时候。

她心未衰。
身却已老。

在这南方以南，她很寂寞。

# 34 | 挽心

1941年。

萧红三十岁，她走到人生的垭口。此时萧红的身体很不好了。但是，一支笔，她放不了。她要写，这是她唯一心甘情愿可为之赴汤蹈火的事。1月，长篇小说《马伯乐》第一部由重庆大时代书局出版。次月，《马伯乐》第二部在香港《时代批评》杂志第六十四期开始连载。

2月初。萧红又一次搬家。从九龙尖沙咀的金巴利道诺士佛台3号搬至乐道8号。房屋陈设，经年不改。无论走到哪一处，几乎都是保持着床与桌的极简陈设。不停地写作，支撑又摧毁着她日渐憔悴的病体。发烧、咳嗽，从不停歇。

即便如此，她依然要强，连药也是不肯轻易吃的。仿佛是吃了药就承认了自己肉身的脆弱一般，令她心中不安。但病总是要治的。再次住进玛丽医院的时候，萧红心中惶恐。这惶恐，远重于她肉身所承受之痛。她害怕，自己不能继续写作。

1940 年 9 月，在上海结识的美国记者史沫特莱为治疗痼疾胆囊炎来到香港。当时，史沫特莱是个非常敏感的人物，也是被日方高度关注的自由人士。因而，她在香港尽可能低调行事。入香港玛丽医院接受治疗后，住在一座乡间别墅，叫玫瑰谷。

1941 年 3 月，“文协”香港分会等文化团体，在香港思豪酒店举办茶会欢迎史沫特莱等人来港。史沫特莱重逢萧红。得知萧红患有肺病，她便建议萧红去她暂居的玫瑰谷住些时候，调养身体。萧红在玫瑰谷住了月余时间。在玫瑰谷时，史沫特莱见萧红病况不轻，就建议她速去玛丽医院治疗。

床上的萧红，似刹那间枯萎起来。

直到住进玛丽医院，萧红方才知道，病朽的身体是无法摆脱了。玛丽医院靠海，环境是极好的，只是病气重了些，医院总是如此的。因这缘故，萧红不愿意在医院里多待，想要回家。她始终是努力尽量避免孤独的。养病，在家也是一样的，她想。

5 月初，美国驻香港总领事将史沫特莱列入战乱第一批转移的美国公民名单。5 月下旬，史沫特莱买了返回美国的船票。她临行之前，留下了自己的 10 个短篇小说。因为史沫特莱是当时的敏感人物，许多报刊都拒载她的文章，所以她将这 10 个短篇小说的打印稿留给了萧红和端木蕻良。

史沫特莱也带走萧红、端木蕻良的一些作品，准备在美国发表。萧红托其将一册《生死场》代送给美国作家辛克莱。5 月 30 日，《呼兰河传》由上海杂志公司出版，列入《每月文库》第二辑第六册。6 月，她又提笔写下了《小城三月》，发表在了香港《时代文学》第一卷第二期上。

不久，胡风也到了香港。萧红是与他疏远了，但知道萧红病重，他仍然放心不下，前来看她。再见萧红，她比从前愈加苍白消瘦了。身体仿佛是纸片一般，一触就碎，倒是精神尚好。她始终逼迫自己呈现给旁人一种很坚毅的样子。可终究，她还是提到了萧军。

她说，他若是来，定还是要帮她的。

可是，她不愿当真写信去说。只是一个念想，一个不小心脱口而出惊到自己的念想。她是要怎样地小心翼翼，方才能将那些波澜往事掩埋不提呢？她不知道。也曾以为自己做得很好，但其实，她仍是悬崖边的畸零人。稍有疏忽，就万劫不复。

7 月，萧红病情反复得厉害，情况糟糕，重又住进玛丽医院。此时，萧红已经开始失眠。夜夜与不可知看不清的阴霾共枕天地。一颗心，好沉重。可记忆又好清晰，旧事历历在目，在她脑中四处流窜。在玛丽医院的时候，萧红被确诊为肺结核，并且情况严重。

9 月，萧红除了先后在香港《时代文学》第一卷第三期上发表《给流亡异地的东北同胞书》、在香港《大公报》第一一八六期“文艺”副刊上发表

《“九•一八”致弟弟书》之外，也在美国的《亚细亚》月刊上发表了英译版《马房之夜》。文字被翻译成外语。

算是萧红病中的一件喜事。

10月初，端木蕻良接到一个内地青年作家的求助电话。为避战乱，逃至香港，却没有谋到出路被困在寄居的旅店内，境况一如当年的萧红。这个青年，便是和端木蕻良一起陪伴萧红走过生命最后时光的骆宾基。

骆宾基与萧红、端木蕻良都是东北人，又很是敬仰萧红与端木蕻良，更重要的是，他与萧红的胞弟张秀珂是朋友，端木蕻良没有理由不去帮助。几经斡旋，骆宾基得以离开旅馆。端木蕻良又为他在各大报刊争取版面发表文章，赚取稿酬谋生。

萧红与端木蕻良对骆宾基是有恩的。因而，在日后萧红病况恶化的日子里，骆宾基也是不离不弃，陪在身旁。骆宾基也因此成为除端木蕻良之外，唯一完整见证了萧红病中苦难的人。

在玛丽医院里，萧红依然脾气躁烈。治疗肺结核，是必须要打空气针的。令萧红非常痛苦。可又因条件所限，萧红是三等病房的病人，医护人员照料得并不悉心。11月，萧红坚持又出院回家将养着。病情，也因此更加恶化。

萧红病重时期，医药费用是一笔巨大的开销。仅凭她与端木蕻良的稿酬是难以支付的，幸得香港《时代批判》的主办人周鲸文眷顾，为之分担了绝大部分的花销，萧红也才得以数次往返当时医疗条件先进的玛丽医院。

也是这时，与端木蕻良结识于“鲁迅先生逝世五周年纪念会”的柳亚子与萧红结识。只是遗憾，此时的萧红卧病在床，昔日风采不能尽显。柳亚子欣赏萧红，初次相见，便为萧红、端木蕻良夫妻写了一首诗，题为《赠蕻良一首，并呈萧红女士》：

谔谔曹郎奠万哗，温馨更爱女郎花。
文坛驰骋联双璧，病榻殷勤伺一茶。
长白山头期杀贼，黑龙江畔漫思家。
云扬风起非无日，玉体还应惜鬓华。

12 月 8 日，太平洋战争爆发。是日，日军开始轰炸香港。忽然之间的，天也不是那天，地也不是那地了。香港乱了。逃的逃，撤的撤。而萧红已经行动不便，只能与端木蕻良在硝烟之中四处藏躲，寻找、等待杳渺的生机。

幸好还有骆宾基。

骆宾基也是要打算走的。但端木蕻良请求他顾念萧红，于是他留下了。单凭端木蕻良一人，怕是无法带着卧床不起的萧红躲躲藏藏的。是连最后的一点安稳，老天也吝于赐予萧红。他们住在思豪酒店，住在周鲸文家，住在裁缝铺，住在告罗士打酒店，住在时代书局的库房里，住在养和医院。

是流浪的乞儿一般，踉跄在香港枪林弹雨的街头。日光穿过厚重的阴霾和尘埃落在他们的身上，像一道刺眼的伤口。那是在与人间告别吗？还是为萧红哀伤呢？而那一支她以为至死也不会放下的笔，如今却已不知遗落在哪里了。

满目疮痍的，既是这座城，
也是，萧红破碎的一生。

是年 12 月 25 日，香港沦陷。

# 35 | 南方

北岛诗《一切》曰：

一切都是命运
一切都是烟云
一切都是没有结局的开始
一切都是稍纵即逝的追寻
一切欢乐都没有微笑
一切苦难都没有泪痕
一切语言都是重复
一切交往都是初逢
一切爱情都在心里
一切往事都在梦中
一切希望都带着注释

**一切信仰都带着呻吟**
**一切爆发都有片刻的宁静**
**一切死亡都有冗长的回声**

七十二年。你已离开那么久、那么久。久到少年已苍老，久到时光已陈旧，久到山河已变了模样，久到日月星辉一点一点暗淡、不再呼啸。而今，萧军不在了。端木蕻良不在了。鲁迅先生不在了。舒群不在了。丁玲不在了。白朗不在了。胡风不在了。聂绀弩不在了。柳亚子不在了。许广平不在了。连那年，声声唤你“萧姑姑”的周海婴也都已不在了。

岁月，还剩下点什么呢？
几册书，还是几道背影？
又或者，只有一声叹息了吗？

在《呼兰河传》里，萧红写道：“花开了，就像花睡醒了似的。鸟飞了，就像鸟上天了似的。虫子叫了，就像虫子在说话似的。一切都活了。都有无限的本领，要做什么，就做什么。要怎么样，就怎么样。都是自由由的。”

萧红，她自由吗？

大概是自由的。可是，自由又让她痛，又让她流离，又让她孤独。又让她一颗纯洁的心上遍布疮痍。临终前，她或许还是想抽上一支烟，写上几页文章的吧。她哪里放得下。世上，仅有的、独属于她的、永无法被侵犯的，就是她的写作了吧。

1942 年，1 月 12 日。萧红在前身是疗养院的养和医院被误诊为“气管结瘤”，并进行手术。手术自然失败。这条命，本是好贵重，却终究还是被人轻贱至如此地步了。端木蕻良呢？他能做的，也是一一做尽了。恨不能替代她。替她受难，替她朽坏，替她死。可即便是到了这样的地步，他仍是不能放弃她的。

1月18日，端木蕻良冒着生命危险从一名日本记者的手中求得一辆车，将萧红送至玛丽医院。当时，凡有汽车的都被日本人征为军用。要用汽车，只能从日本人那里借。当日下午，她便窒息昏迷，随即咽喉处被插入呼吸铜管进行抢救，不能开口言说。午夜，她让骆宾基拿来纸笔，写下这样的话：

我将与蓝天碧水永处，
留得半部“红楼”给别人写了……
半生尽遭白眼、冷遇，身先死，不甘、不甘！

她是想要活的。

想要活下去，活得久一些。

然而，不能。

三日后，玛丽医院被日军接管，病人被赶出。萧红被送至一家法国医院。其后，法国医院亦被军管。随即，萧红又被送至法国医生在圣士提反女校设立的临时救护站。当日。六时许，萧红陷入深度昏迷。四小时后，萧红逝世。民国一代才女，自此永诀这云谲波诡之人世，去往极乐净土处。

终年，三十一岁。

生前，萧红想到了一个人。她与汪恩甲的女儿。她在这人世间唯一的血脉。想让端木蕻良日后能找到她。还有墓。她跟端木蕻良说，死后想要葬于鲁迅先生墓旁。她是如斯顾念鲁迅先生，深知此生不遇鲁迅先生，也将没有那一支与她同生共死的不朽的笔。只是，她也知道，现下这件事是办不到了。她又说，眼下，能先将她葬在海边，也就够了。

海是什么？

是安住灵魂的最好的家。

烈火中死去，大海里重生。萧红的遗体于 1 月 24 日，在香港跑马地背后的日本火葬场火化。端木蕻良将骨灰分装两处。一处，葬在浅水湾丽都酒店前花坛里（1957 年 8 月 15 日，迁葬于广州的银河公墓），萧红要看海。另一处，葬在圣士提反女校后院土山坡下。而这一处，仿佛有所寓意般至今未被人发现。

人生，不论旁人赞赏或是叹息，总还是要一步一步走到底。且行且珍惜。只管一心一意地演完一生一世这出戏，然后褪下一身华衣，转身沉睡在泥土里。那时候，她发现，黑色夜空始终都是繁星熠熠，它们一直都在照耀自己。而她这一辈子不为人知的惊奇，也将变成世人永远无法猜出的谜底。

也好。

留一点悬念，让整个世界记住你。

『你知道吗？我是个女性。女性的天空是低的，羽翼是稀薄的，而身边的累赘又是笨重的！』

——萧红

# 【附录】

## 一 | 萧红纪念文辑

### 我与萧红的缘聚缘散（节选） / 萧军

自从 1938 年我们最后宣布“诀别”以后，凡属遇到的故人、老友……他们首先要问及我和萧红为什么要分开。在他们意念中，我们的“结婚”是不平凡的，经过的贫困艰难也是不平凡的，又有相同的文学事业为基础，无论从某一角度来观照，似乎全没有可以分离的理由和条件。事实上在我们结合以后，彼此也没想到会有中途分手的一天，默默中也全是以“白头偕老”这一“默契”作为人生行程最后归宿为目标的。

除开故人、老友的关心和惋惜以外，也还有若干具有善意的读者们，也提出了这一问题……这使我如何回答呢？

在我们行经的生活历程上，也并非尽属康庄大道，或者是“水波不兴”。正如一般青年男女一样，彼此之间也发生过猜疑，发生过误解，发生过“外力”的干扰……但是经过彼此真诚坦率的说明，所谓猜疑和误解最终总是能够烟消雾散，冰释云分；而所谓“外力”的“干扰”，经过彼此同心坚决的排除……最后也还要以胜利而告终结。原来的两颗赤诚的心，坚贞的心，彼此爱怜的心仍然是血肉无间地结合起来共同跳动着、呼吸着……

但是人间的事情终归是人间的事情，总要有所变化。一旦主观、客观条件有所变化，时间、空间有所变化，共同基础有所变化，相应的人的思想、感情、理想……也必然要导致于变化。由思想到行动，如果再遇到相应的偶然的契机，由渐变也就可能导致于突变的。如果我们能够明白这一简单的道理，任何事物的发生、发展……总是有它的一定规律可循的，因此对于我们之间的“诀别”，也就无足稀奇了。

在我的主导思想是喜爱“恃强”，她的主导思想是过度“自尊”。

因此，在我是不能具有托尔斯泰那样“基督教”式的谦卑，说“一切都是我不好”；我也不能具备或诬枉已死者，说“一切都是她不好”，这是有悖于一个作为人的动物起码品质和道德的。

因此对于这一问题，不管是对于故人、老友以至于善意的读者们，我只能采取外交官们的通行例语：“无可奉告”。这倒并非是我有什么“内怀愧怍”，不敢暴露自己的恶德；也并非“存心忠厚”对于已死者“葆其令名”，真正的原因只有以下两条：

一、回忆、复述、分析、综括……这类事，对于我来说并不是一件愉快的事，它并不比唱一支愉快、美丽的歌那样会使你感到一种愉快的、美的享受！每谈一次这类问题，就相同虐待自己一次，我是不愿意虐待自己……而满足于别人的“好奇心”或可感谢的“同情心”的。至于某些居心不良、别有目的的人，想从我们个人生活中间寻找一个罅洞，敲开一道缺口……搜集一点“材料”，对于已死者可以假冒为善表示狐狸式的仁慈，对于尚存在者，可以施行豺狼式的袭击……我没有兴趣，也没有义务来满足它们这颗下贱的、贪婪的心！

二、不算历史人口，仅就今天世界现存的40亿人口来观照，人与人之间的离合聚散……的事件，不独每天要发生，恐怕每一个小时、每分钟……全会发生的。我们也仅是这40亿中的一分子，应属无足稀奇。同时我以为凡属个人私生活中的任何事件，如果它不是牵涉到广大人民的利害，不是有损于广大人民的利益……是可以不必过多注意、关心它们的。可能由于我和萧红全是从事文学写作的人，发表过文章，出过书……的所谓“名人”。人对于有些“名气”的人们私生活方面的琐事常是怀有一种近乎天真的“好奇心”，这也是可以理解的。记得鲁迅先生曾经说过类似这样的话：任何伟大的人，如果就吃喝拉撒睡……的方面来观察……他和普通人并无不同的……（大意如此）。

最近在东北，似乎兴起了一阵研究萧红的热潮，其中也有我的老朋友。他们向我这里来征集材料，听取意见……我给他们的建议是这样：

“对于这样一位作家，仅仅从事文学生涯只有十年间的历史，为我国文学事业——无论质或量，社会意义，艺术造诣——留下了不能抹煞，不可磨灭的业绩，我们是应该进行一次严肃的认真的研究和探讨的工作，我是赞成的。但是对一个作家的评价是应该从他或她的具体作品效果和意义而衡量、而产生的，而不是别的什么‘属性’。因此我建议你们对她的作品本身多作具体的突入，全面的分析，全面的综合……而获得一个相应的结论，为启示读者，教育读者……对于她生活方面的一些琐事，不必过多注意，过多探求……否则将会遇到一些难于通过的‘死角’，这是无益而浪费精力的事……”

1946 年秋，我又回到了我认为是“第二故乡”的哈尔滨。从 1934 年夏初我同萧红离开哈尔滨出走到青岛，后来到上海，而后又辗转漂流到各地……到 1946 年秋，大致时经约十二年。当时我曾写下过一首诗：

金风急故垒，游子赋还乡。
景物依稀是，亲朋半死亡。
白云红叶暮，秋水远山苍。
十二年如昨，杯酒热衷肠。

这诗写出了我当时真实的一种凄怆的心境！

在哈尔滨我曾做过群众巡回性的五十天左右的讲演。大约出场了百次上下，解答了约为千数个各项问题。

其中有一项问题，每到一个场合总要遇到的，这就是：“你和萧红为什么，和怎样分开的？”

我当时只能回避开，也只能用“无可奉告”这句话来回答那些热情的、善意的听众。因为哈尔滨和整个东北当时正在被国民党分路进攻的政治、军事紧迫的情况下，我更不宜于谈论这类属于个人性质的问题的，因此就一概加以回避和拒绝了。这倒并非我“态度骄傲”或“故作神秘”，凡事我们总应该先分清主要、次要，按缓、急、轻、重……来对待的。

在今天，在这里，我以为简括地把这“诀别”的问题略谈一下可能是适宜的。

1938 年初夏，在延安我计划要去“五台”，当时不能成行，就随同丁玲、聂绀弩一道到了西安“西北战地服务团”。这时萧红也正寄居在该团。正当我洗除着头脸上沾满的尘土，萧红在一边微笑着向我说：“三郎——我们永远分开吧！”

“好。”我一面擦洗着头脸，一面平静地回答着她说。接着很快她就走出去了……这时屋子里，似乎另外还有几个什么人，但当时的气氛是很宁静的，没有说一句话。我们永远“诀别”就是这样平凡而了当地，并没有任何废话和纠纷的确定下来了。

这一喜剧的“闭幕式”，由延安到西安的路上我就准备了的。但还没想到会落得这样快！这“快”的原因，据我估计可能是萧红自己的决定，也可能是某人所主张，因为他们的“关系”既然已经确定了，就应该和我划清界限，采取主动先在我们之间筑起一道墙，他们就可完全公开而自由，免得会引起某种纠纷……其实她或他估计错了，我不会、不屑……制造这类纠纷的。

早在从临汾和萧红分手的当时，我和她就说出了这一“约定”，我说：

“……我们分别以后，万一我不死，我们还有再见的一天，那时候你如果没有别人，我也没有别人，如果双方同意，我们还可以共同生活下去……如果不是这样，就各走各的路吧！”

尽管当时我也和聂绀弩说过这样的话：

“别大惊小怪！我说过，我爱她；就是说我可以迁就。不过这是痛苦的，她也会痛苦。但是如果她不先说和我分手，我们还永远是夫妇，我绝不先抛弃她！”

既然有了原先的“约定”，她已经有了“别人”，而且又是她首先和我提出了“永远诀别”，这是既合乎“约定”的原则，也合乎事实发展的逻辑，我当然不会再有什么废话可说。

我对于两性之间的关系原则是这样：如果我还爱着她，而对方不再爱我，或不需要我了，我一定请她爱她所要爱的去、需要她所需要的去，决不加以纠缠或阻拦；如果我不爱她了，不需要她了，她也可以去爱她所要爱的去……不管她此后把自己的身体和灵魂交给“天使”或“魔鬼”这完全是她自己的事情了……

对于夫妻、对于朋友……我是谨守着中国这句“君子交绝，不出恶言”的古老格言的。我现在还有着几十年历史的老朋友，也有中途“绝交”的，但我是尊重、珍惜……历史的，我不愿意它们被玷污，尽管我不是什么“君子”，但作为一个“人”，他们是应该有这一点尊严感的。

作为一个六年文学上的伙伴和战友，我怀念她；作为一个有才能、有成绩、有影响……的作家，不幸短命而死，我惋惜她；如果从“妻子”意义来衡量，她离开我，我并没有什么“遗憾”之情！

鲁迅先生曾说过，女人只有母性、女性，而没有“妻性”。所谓“妻性”完全是后天，社会制度造成的。（大意如此）

萧红就是个没有“妻性”的人，我也从来没向她要求过这一“妻性”。

她是反对她的家庭为她所订的“亲事”，因而逃向了北京。可是她的未婚夫——是她所卑视的、憎恶的人——竟也赶到了北京。她终于在他无耻的、狡猾的纠缠下、而使自己降伏了，而且有了身孕，竟被作为“人质”……几乎被陷进可怕的、可耻的、黑色的……无底深渊中！

可以这样说，在客观上她的一生是被她所卑视、所憎恶……的社会制度；所卑视、所憎恶的“人”……而毁灭了！

也可以这样说：在文学事业上，她是个胜利者！

在个人生活意志上，她是软弱者、失败者、悲剧者！……

尽管在她临终之前，她曾说过这样的话：“假如萧军得知我在这里，他会把我拯救出去的……”（大意如此，见骆宾基著《萧红小传》）。但是，即使我得知了，我又有什么办法呢？那时她在香港，我却在延安……

以上这就是我和萧红六年来由相识、相结到诀别简要的过程。

（选自萧军《侧面》，桂林泥土社，1947 年）

## 我和萧红在香港 / 端木蕻良

1939 年，重庆被日机轰炸越来越频繁，尤其北碚，据说那里有个军库，日本人总轰炸那里，萧红受不了了。另外又出一个隧道大惨案，这样，我想萧红在这儿要活不长了，因此决定离开重庆。我的原意是要到桂林，那里已有不少朋友在，如艾青他们都在，而香港朋友少，海外情况又不了解。但萧红说，到桂林，然后再轰炸，我也受不了，这样就准备到香港。我事先跟华岗谈，当时他是《新华日报》副总编。他跟复旦文摘社的人谈过，其他人基本没有通知，因为怕一传开国民党政府不让走。飞机票是托中央银行职员袁东义买的，他现在是天津政协委员。

到香港后，后来艾青告诉我，我们去香港，胡风就给艾青写信，说随着汪精卫去香港，端木也去香港了。后来胡风发表的信中，说端木在香港安下一个“香寓”，这是何居心？当时作家的生活是疲于奔命，我们在香港还能建立一个“香寓”？所以后来就和胡风不大来往了。

到香港，我们工作量就大起来了。萧红对于创作有一种宗教感情，她认为一切都要服从创作，既然到了香港，环境安定了，避开了轰炸，免去了负担。我们都年轻，都希望拼命写东西，但是香港的气候不利于肺病。开始，我们并不知道肺病应在干燥气候下，在西安，那是高原地带，她的病就减轻了，而香港正适合肺病，这是我们开始没有估计到的，但也不能再回重庆，因此她肺病加重了。当时并没有注意到这些，因为肺病不像别的病，没有太多症状。萧红身体本来就较虚弱，原来还喜欢喝酒、抽烟，和我结婚后，不抽烟喝酒了，身体比较恢复过来。在香港，创作紧，我在写《大时代》长篇，又写了很多稿子，供《大公报》《星岛日报》，萧红也写东西，我又编《时代文学》，那时编刊物很费力的。柳亚子给我们介绍了几位大夫，一个叫李国基，很有名，但肺病不是几服药就能好的，另一个叫黄大维，也有名，也吃过他的药。他们都说主要是休息。中国人都是拖着病来干活，外国人眼光就不同了。史沫特莱后来说："哎呀，你都这样了，还不到医院去赶快治。"她觉得我们住房条件、环境条件都很不相称，因此把萧红接到地哨号玫瑰园。萧红和她在一起，精神也比较愉快，有时我也去看看。但史沫特莱只是在香港等船。她说太平洋战争要爆发，劝我们也离开香港好，这样一是回重庆，二是到南洋。我们愿去南洋，史沫特莱给南洋朋友写了信，还介绍一位女士来过我们家，名字记不得了。对史氏的安排，我们也同意，但我们不知道太平洋战争会在珍珠港爆发。

史沫特莱在玫瑰园就要萧红去玛丽医院治病，那是香港最大的医院。医院当时对治肺病是打一种空气针，萧红对此非常不耐烦，一是对这种方法没有信心，二是对医疗方法很不喜欢。玛丽医院靠海，有一个大平台上放着病床，病人为吸新鲜空气，就等于露宿了。这时医疗费由周鲸文支付，他的负担由毅夫来担负。萧红几次说要回家来住。她这观念和外国人不一样，家里条件虽然不好，但仍愿意回家来住。我就跟朋友商量，认为要照顾病人情绪，于是就接回来了。但不久病情发展，仍要住院，于是又回玛丽医院。

一天夜里，玛丽医院打电话说萧红病危。那天正是12级台风，夜里就我一个人过海，这时的心情是可以理解的。我当时奇怪，怎么会病危？前几天我还天天过海看过她。结果到医院，萧红在睡觉。她说：这么晚，你怎么来了？外面还刮台风呀。我找到护士，护士说打错了电话，当时我很生气，医院对这个问题还搞错了？同时我也感到了一种不祥预兆。萧红看见我很高兴。

史沫特莱来港，她带来了新四军里的材料。有欢送她的诗歌和壁报、歌曲等，她准备带回美国作为书写的材料。我问过她在美国的通讯地址，她说她在美国的家族已分散，就一个姐姐是洗衣服的，多年不见了，还要回美国后联系。另外，当时好多报纸、杂志都不登她的文章，好像只有一家德国报纸《法兰克福报》登她的东西。因此她走时留下十篇短篇小说，都是打字稿，我在《时代文学》发表了几篇。

史沫特莱回国不久，太平洋战争爆发，香港很快失陷，我们都无认真的思想准备，这时更感到史沫特莱有远见。南洋当然去不成了，跟史氏也断了联系。

史沫特莱把萧红的小说带给斯诺夫人，就是发表了那篇（是小说《手》——成按）。还带给《煤炭大王》的作者辛克莱，他寄来一本书。他是搞和平运动的，那本书有他亲笔题名。我当时还未来得及细看，那封面是丝绒的，还有一个袋，他是在佛罗里达州竞选州长。斯诺夫人为《亚细亚》给我们来信约稿，还给萧红邮来 200 港币稿费，未取出来呢，香港就失陷了。

战争一爆发，我和萧红就想趁日本人还未到香港，从九龙到深圳回内陆。当时《时代文学》有我一个助理编辑叫袁大顿（他现在仍在香港，前不久来过北京），他家在东莞，我们计划出九龙到东莞，万一出不去，可住他那儿。可是当时他已回家结婚（袁大顿是在 12 月 6 日，战争爆发前一天离港回家的——成按），原以为他会很快回来，所以也没留下地址。我们不说广东话，脸型、习惯也不像广东人，若去找他，万一找不到，就暴露在外，这是很危险的。另外，日本人行动很快，没等我们动身，东莞已经失陷，我们就困在九龙，涧上水乐道十八号，现在是凯悦大酒店。先住在思豪大酒店，那是张学良弟弟张学明在那儿开的长期房间。当时空着，我们就住在那儿。不久，思豪大酒店中弹，人家都跑到地下防空洞，但萧红走不动，整个楼里只有我们两人。这样又得搬家，搬到哥罗斯达大酒店，但日本人一上岸，就把它接管了。这样，我们又搬了几次，等到 25 号圣诞节，港英政府投降与日本人签订占领条约，我就上街找医院，但都不营业。当时香港的港币，美金都不能用了，只有日本的叫军票，我们哪有军票？当时大街上到处都是兑军票的，一块钱最通用，十块钱就不行，香港叫税值。我找到养和医院，这是私营里最好的医院，玛丽医院是公家最好的医院。医院最好的大夫叫李树魁，只有他还在开业，我接触的是他弟弟李树培，现在大概不在了。这个人，后来我估计他就是要骗钱。因为当时最需要军票，因此他说，我可以给你介绍一个房间，但不要美金港币，只要军票。当时我哪有军票？即使找朋友能借到军票，银行也冻结了。我连斯诺夫人邮寄来的稿费都取不出来。我得把这些钱都准备好，人家才允许萧红住院。特别是护士费，昼夜一个夜班要加25块。养和医院多半是外国护士，看护萧红的可能是个波兰人。

经检查，李树培说萧红肺气管里有瘤，要开刀，我知道有肺病的人开刀不易封口，我二哥他患有脊椎结核，在协和医院开刀，结果在医院躺了八年，还是孟继想开的刀。因此在这种情况下，我不同意开刀，但李树培说，你是听我的，还是听你的！我们当然也要听大夫的。萧红说我：你不要婆婆妈妈的，开刀有什么了不起。但我有这个经验，我二哥那时还未起来床呢。可是萧红性格很倔强，她自己签了字。她一签字，医院就不理我了。手术很快做好，我看手术流血不多，手术还是很利落的，就比较放心了，萧红被送进病房很快就会恢复了，当时还很高兴，认为麻醉技术也高。但萧红对我说，她声音很低："我胸疼，是不是我的胸？"我说："对……"（语咽）这时，我又想起二哥的病，都是结核，但二哥还可以在北京协和的西山安静修养，可香港现在没有这个条件，大夫又……（哭泣）。到最后，医院说，我们束手无策了。这时你跟他们交涉也没有用，一没时间，二没精力，我又找到玛丽医院，因为已经熟了，他们答应收留萧红。香港这时交通已断绝，从玛丽医院到城里来回80里路，有汽车是很方便，可当时就靠我一个人走路，萧红怎么送过去？我想找辆车。那时汽车都被日本人征用，要找汽车只有找日本人去。日本人也分两种，一种是军阀武士道，一种可能还有人道主义思想，如记者，万一有肯帮助我们的。我看到两个日本记者在用英语交谈，我就上前用英语说我是端木蕻良，不想他们知道，了解我的要求后，他们说好，于是一位把我带到他的办公室。他戴记者臂章，记不清是什么社了（这次南下，杜宣说是朝日新闻社的），反正是随军记者。他找来车，把萧红送到玛丽医院。玛丽医院很快就被军管，我又送萧红到法国医院，法国医院大夫非常好，我以前还记得他名字。后医院又被军管，法国大夫在圣士提反教会女校，设立个临时救护站，我问他萧红还有希望吗？他说："在这个情况下，我很难说这个话，假使在正常的情况下，她是有希望的，我可以保证这点，现在这个情况，我一点办法也没有，只能维持现状。我尽量把现有的好药都拿出来，使出我最大本事。"这样使萧红维持了一段时间。

这期间，那位日本记者表现很不错，我就问他名字，叫小椋，在萧红最后的时际，他也去看过萧红。他也说，看萧红这样，希望不大了。我说都是养和医院开刀缩短了她的寿命。他说，不是开刀，也活不长。我想至少能维持几年，他这么说无非是想减少战争的罪恶。但他本人还是帮了一些忙。萧红一死，我就把那个日本记者甩掉了。

萧红临死有这样的一个遗言：要葬在鲁迅墓旁。但当时情况做不到，我说只有将来办到了。她说：那你把我埋在一个风景区，要面向大海。这样我选定了香港风景最好的浅水湾。骆宾基根本不了解这情形。当时日本人军管，死人很多，都是乱七八糟地埋在一个公墓，我当然不能让萧红埋在那里，将来根本无法辨认，成了万人坑了，日本人就搞这种万人坑嘛。我去找管理的人，他也是高级知识分子，懂英文，我用英文跟他说，他很高兴，他问葬在哪儿，我说葬在浅水湾，他也不知浅水湾是哪里，因为那里根本不能葬人，但他批准了。我当时没有用他的车子，要甩开他们，我是抱着骨灰瓶走去的。

我想立墓碑在当时没有条件，就找了一个木板，写了“萧红之墓”。当时连锹都没有，是用手或拿石头挖的，那是人家的一个花坛（在当时的丽都酒店前方——成按），面向大海，路上一个人也没有。埋她，我心里很不放心，我知道香港是一定要收回的，但这个墓会不会保存呢？将来英国人是不会保存这个墓的，因为这不是埋人的地方。因此处理骨灰时，装了两个骨灰瓶。那时候，买不到骨灰盒，是敲开古玩店的门买的古玩瓶，一个埋在浅水湾，一个后来埋在圣士提反女校中。

浅水湾埋了萧红后，我住到香港大学文学大师马纪明（香港大学教授——成按）家里，他对我很好，劝我在他那儿住，恢复一下。他家住半山，我把另一只骨灰瓶也带去了，在中国来讲，这是犯忌讳的。我想这个骨灰瓶要找一个不同于浅水湾的地方，这样毁了一个，还能保存一个，因此把它埋在圣士提反女校。

在战争前，我和萧红都不认识骆宾基，一天，忽然一个电话，说他是骆宾基要见我，我看过他的《边陲线上》，知道这个名字，就到旅馆看他。他说，他在香港没着落，要我安排他。我就安排他到周鲸文的《时代批评》社里。有了吃住的地方，我又问他有无稿子，我给他发表，好拿稿费维持生活，他拿一个《人与土地》，这样他的生活解决了。战争中，他想回内陆，我想此时找一个人照顾萧红很困难，水电交通都断绝了，旁边没有一个帮手，很困难，当时他住香港，我住九龙。他打电话与我告别，我就打电话请他留下帮忙。这以前是我带他到我九龙的家，他才第一次见到萧红。萧红死后，我们一起回的澳门，而不是像他说的，你先走了，他后走了（当时还有于毅夫留下的王福时同志陪端木他们一齐走的——成按）。我们坐的日本船"白银丸"号，我们买的票是去广州湾，但那儿已被日本人控制。澳门有画家黄新坡，我南开中学的老师田聪，我们在香港见过面，所以是从澳门下船，辗转回到内地。

（选自《端木蕻良文集》第七卷，北京出版社，2009 年 6 月）

## 忆萧红 / 许广平

我们在上海定居之后，最初安稳地度过了一些时，后来被环境所迫，不得不度着隐晦的生活，朋友来的已经不多，女的更是少有。我虽然有不少本家之流住在近旁，也断绝了往来。可以说，除了理家，除了和鲁迅先生对谈，此外我自己是非常孤寂的。不时在鲁迅先生出外赴什么约会的时候，冷清清的独自镇守在家里，幻想之中，像是想驾一叶扁舟来压下心里汹涌的洪涛，又生怕这波涛会把鲁迅先生卷去，而我还在船上毫无警觉。这时，总时常会萌发一些希冀，企望户外声音的到来。

大约 1934 年的某天，阴霾的天空吹送着冷寂的歌调，在一个咖啡室里我们初次会着两个北方来的不甘做奴隶者。他们爽朗的话声把阴霾吹散了，生之执著，战之喜悦，时常写在脸面和音响中，是那么自然，随便，毫不费力，像用手轻轻拉开窗幔，接受可爱的阳光进来。

从此我们多了两个朋友：萧红和萧军。

流亡到来的两颗倔强的心，生疏，落漠，用作欢迎。热情，希望，换不来宿食。这境遇，如果延长得过久，是可怕地必然会销蚀了他们的。因此，为了给他们介绍可以接谈的朋友，在鲁迅先生邀请的一个宴会里，我们又相见了。

亲手赶做出来，用方格子布缝就的直襟短衣穿在萧军先生身上，天真无邪的喜悦夸示着式样。——那哥萨克式，在哈尔滨见惯的——穿的和缝的都感到骄傲，满足，而欢欣。我们看见的也感到他们应该骄傲，满足，欢欣。

我看见两只核桃，那是不知经过多少年代用手滚弄的了，酒红色的，光滑滑的在闪动，好像是两只眼睛在招呼着每一个人，而自己却用色和光介绍了它在世的年代。

“这是我祖父留传下来的。”萧红女士说。

“还有一对小棒槌，也是我带来在身边的玩艺，这是捣衣用的小模型，通通送给你。”萧红女士在宴席上交给了海婴。把这些患难中的随身伴侣，或传家宝见赠了。

中等身材，白皙，相当健康的体格，具有满洲姑娘特殊的稍稍扁平的后脑，爱笑，无邪的天真，是她的特色。但她自己不承认，她说我太率直，她没有我的坦白。也许是的吧，她的身世，经过，从不大谈起的，只简略的知道是从家庭奋斗出来，这更坚强了我们的友谊，何必多问，不相称的过早的白发衬着年轻的面庞，不用说就想到其中一定还有许多曲折的生的旅程。

我们用接待自己兄弟一样的感情招待了他们，公开了住处，任他们随时可以到来。

鲁迅先生不时在病，不能多见客人。他们搬到北四川路离我们不远的地方来住下。据萧军先生说：“靠近些，为的可以方便，多帮忙。”

但每天来一两次的不是他，而是萧红女士，因此我不得不用最大的努力留出时间在楼下客厅陪萧红女士长谈。她有时谈得很开心，更多的是勉强谈话而强烈的哀愁，时常侵袭上来，像用纸包着水，总没法不叫它渗出来。自然萧红女士也常用力克制，却转像加热在水壶上，反而在壶外面满都是水点，一些也遮不住。

终于她到日本去了。直至鲁迅先生死后才回到上海来。

在鲁迅先生死后第五天，她曾给萧军先生信（见《鲁迅先生纪念集》），说："可怕的是许女士的悲痛，想个法子，好好的安慰着她，最好是使她不要静下来，多多的和她来往。"这个动议大约是被采用了。所以鲁迅先生死了之后，萧军和黄源等先生来了，其他如聂绀弩夫妇，张天翼夫妇，更有胡风夫妇等许多人都时常来了。有一次，萧军和黄源等半劝半迫的叫我去看电影，没法子跟着去了，在开映的时候利用光线，我一直在暗中流泪。十年来，在上海每次踏入电影院都是和鲁迅先生一道的，看到会心的时候会彼此用臂膀推动一下，这生动的情境在电影院中更增加我的伤痛，但我怎能辜负他们的好意呢？他们哪里会想到发生相反的结果呢？

战争的火焰烧蚀了无数有作为的人，萧红女士也是其中之一个。当我刚刚跳出监狱的虎口，相信活下来的时候，到家里不几天意外地收到端木蕻良先生的简单噩耗，大意说，萧红女士于某月日死了，葬于香港某花园的某处，并且叫我托内山完造先生设法保护。末了又说，他预备离去，但到甚么地方还不大能够决定。

鲁迅先生逝世后，萧红女士想到叫人设法安慰我，但是她死了，我向甚么地方去安慰呢？不但没法安慰，连这一封值得纪念的信也毁了，因为我不敢存留任何人的信。而且连她死的月日地点都在我脑中毁了，这不能推说"不敢存留"，只可承认是我的脑子的确不行了，是我的无可挽救的过失。更其对不住端木蕻良先生的是，我并没有把他的意思转向内山先生请求。因为我觉得萧红女士和上海人初次见面的礼物是：《生死场》。她是东北作家，而又是抗日分子，想来内山先生不会不清楚的。请他"保护"，也许非其权力所及。或者能设法了，也于他不便。在我这方面，也不甘于为此乞求他援助，我把这句话吞没了，直至现在才公开出来，算是自承不忠于友。

自责两句不就算完了良心的呵谴。我不知道萧红女士在香港埋葬的地方有没有变动，我也没法子去看望一下。我们往来见面了差不多三四年，她死了到现在也差不多三四年了，不能相抵，却是相成，在世界上少了一个友朋，在我的生命的记录簿上就多加几页黑纸。

乌黑的一片。久视了，眼珠子会有许多血红的火星在飘浮，我愿意这火星加多，增长，结成大红火球，把我包没，把我周围一切包没。

（选自《大公报·文艺》，署名景宋，1945 年 11 月 28 日）

## 风雨中忆萧红 / 丁玲

本来就没有什么地方可去，一下雨便更觉得闷在窑洞里的日子太长。要是有更大的风雨也好，要是有更汹涌的河水也好，可是仿佛要来一阵骇人的风雨似的那么一块肮脏的云成天盖在头上，水声也是那么不断地哗啦哗啦在耳旁响，微微地下着一点看不见的细雨，打湿了地面，那轻柔的柳絮和蒲公英都飘舞不起而沾在泥土上了。这会使人有遐想，想到随风而倒的桃李，在风雨中更迅速迸出的苞芽。即使是很小的风雨或浪潮，都更能显出百物的凋谢和生长，丑陋或美丽。

世界上什么是最可怕的呢，决不是艰难险阻，决不是洪水猛兽，也决不是荒凉寂寞。而难于忍耐的却是阴沉和絮聒；人的伟大也不是能乘风而起，青云直上，也不只是能抵抗横逆之来，而是能在阴霾的气压下，打开局面，指示光明。

时代已经非复少年时代了，谁还有悠闲的心情在闷人的风雨中煮酒烹茶与琴诗为侣呢？或者是温习着一些细腻的情致，重读着那些曾经被迷醉过被感动过的小说，或者低徊冥思那些天涯的故人？流着一点温柔的泪，那些天真、那些纯洁、那些无疵的赤子之心，那些轻微的感伤，那些精神上的享受都飞逝了，早已飞逝得找不到影子了。这个飞逝得很好，但现在是什么呢？是听着不断的水的絮聒，看着脏布也似的云块，痛感着阴霾，连寂寞的宁静也没有，然而却需要阿底拉斯的力背负着宇宙的时代所给予的创伤，毫不动摇的存在着，存在便是一种大声疾呼，便是一种骄傲，便是给絮聒以回答。

然而我决不会麻木的，我的头成天膨胀着要爆炸，它装得太多，需要呕吐。于是我写着，在白天，在夜晚，有关节炎的手臂因为放在桌子上太久而疼痛，患沙眼的眼睛因为在微小的灯光下而模糊。但幸好并没有激动，也没有感慨，我不缺乏冷静，而且很富有宽恕，我很愉快，因为我感到我身体内有东西在冲撞；它支持了我的疲倦，它使我会看到将来，它使我跨过现在，它会使我更冷静，它包括了真理和智慧，它是我生命中的力量，比少年时代的那种无愁的青春更可爱啊！

但我仍会想起天涯的故人的，那些死去的或是正受着难的。前天我想起了雪峰，在我的知友中他是最没有自己的了。他工作着，他一切为了党，他受埋怨过，然而他没有感伤，他对名誉和地位是那样地无睹，那样不会趋炎附势，培植党羽，装腔作势，投机取巧。昨天我又苦苦地想起秋白，在政治生活中过了那么久，却还不能彻底地变更自己，他那种二重的生活使他在临死时还不能免于有所申诉。我常常责怪他申诉的“多余”，然而当我去体味他内心的战斗历史时，却也不能不感动，哪怕那在整体中，是很渺小的。今天我想起了刚逝世不久的萧红，明天，我也许会想到更多的谁，人人都与这社会有关系，因为这社会，我更不能忘怀于一切了。

萧红和我认识的时候，是在一九三八年春初。那时山西还很冷，很久生活在军旅之中，习惯于粗犷的我，骤睹着她的苍白的脸，紧紧闭着的嘴唇，敏捷的动作和神经质的笑声，使我觉得很特别，而唤起许多回忆，但她的说话是很自然而真率的。我很奇怪作为一个作家的她，为什么会那样少于世故，大概女人都容易保有纯洁和幻想，或者也就同时显得有些稚嫩和软弱的缘故吧。但我们都很亲切，彼此并不感觉到有什么孤僻的性格。我们尽情地在一块儿唱歌，每夜谈到很晚才睡觉。当然我们之中在思想上，在感情上，在性格上都不是没有差异，然而彼此都能理解，并不会因为不同意见或不同嗜好而争吵，而揶揄。接着是她随同我们一道去西安，我们在西安住完了一个春天。我们痛饮过，我们也同度过风雨之夕，我们也互相倾诉。然而现在想来，我们谈得是多么地少啊！我们似乎从没有一次谈到过自己，尤其是我。然而我却以为她从没有一句话是失去了自己的，因为我们实在都太真实，太爱在朋友的面前赤裸自己的精神，因为我们又实在觉得是很亲近的。但我仍会觉得我们是谈得太少的，因为，像这样的能无妨嫌、无拘束、不须警惕着谈话的对手是太少了啊！

那时候我很希望她能来延安，平静地住一时期之后而致全力于著作。抗战开始后，短时期的劳累奔波似乎使她感到不知在什么地方能安排生活。她或许比我适于幽美平静。延安虽不够作为一个写作的百年长计之处，然在抗战中，的确可以使一个人少顾虑于日常琐碎，而策划于较远大的。并且这里有一种朝气，或者会使她能更健康些。但萧红却南去了。至今我还很后悔那时我对于她生活方式所参预的意见是太少了，这或许由于我们相交太浅，和我的生活方式离她太远的缘故，但徒劳的热情虽然常常于事无补，然在个人仍可得到一种心安。

我们分手后，就没有通过一封信。端木曾来过几次信，在最后的一封信上（香港失陷约一星期前收到）告诉我，萧红因病始由皇后医院迁出。不知为什么我就有一种预感，觉得有种可怕的东西会来似的。有一次我同白朗说："萧红决不会长寿的。"当我说这话的时候，我是曾把眼睛扫遍了中国我所认识的或知道的女性朋友，而感到一种无言的寂寞。能够耐苦的，不依赖于别的力量，有才智、有气节而从事于写作的女友，是如此其寥寥啊！

不幸的是我的杞忧竟成了现实，当我昂头望着天的那边，或低头细数脚底的泥沙，我都不能压制我丧去一个真实的同伴的叹息。在这样的世界中生活下去，多一个真实的同伴，便多一分力量，我们的责任还不止于打开局面，指示光明，而还是创造光明和美丽；人的灵魂假如只能拘泥于个体的褊狭之中，便只能陶醉于自我的小小成就。我们要使所有的人都能有崇高的享受，和为这享受而做出伟大牺牲。

生在现在的这世界上，活着固然能给整个事业添一分力量，而死对于自己也是莫大的损失。因为这世界上有的是戮尸的遗法，从此你的话语和文学将更被歪曲，被侮辱；听说连未死的胡风都有人证明他是汉奸，那么对于已死的人，当然更不必贿买这种无耻的人证了。鲁迅先生的“阿 Q”曾被那批御用文人歪曲地诠释，那么《生死场》的命运也就难免于这种灾难。在活着的时候，你不能不被逼走到香港；死去，却还有各种污蔑在等着，而你还不会知道；那些与你一起的脱险回国的朋友们还将有被监视和被处分的前途。我完全不懂得到底要把这批人逼到什么地步才算够？猫在吃老鼠之前，必先玩弄它以娱乐自己的得意。这种残酷是比一切屠戮都更恶毒，更需要毁灭的。

只要我活着，朋友的死耗一定将陆续地压住我沉闷的呼吸。尤其是在这风雨的日子里，我会更感到我的重荷。我的工作已经够消磨我的一生，何况再加上你们的屈死，和你们未完的事业，但我一定可以支持下去的。我要借这风雨，寄语你们，死去的，未死的朋友们，我将压榨我生命所有的余剩，为着你们的安慰和光荣。那怕就仅仅为着你们也好，因为你们是受苦难的劳动者，你们的理想就是真理。

风雨已停，朦朦的月亮浮在西边的山头上，明天将有一个晴天。我为着明天的胜利而微笑，为着永生而休息。我吹熄了灯，平静地躺到床上。

一九四二年四月二十五日

## 遥祭 / 白朗

人（不管是青年或是老年）之需要友情的慰藉，正像一个孩子之需要母亲的温暖一样；两个知心的朋友，有时会胜过一对恩爱的夫妻。我常常想：一个人也许不一定要有异性的体贴，但却不能没有朋友的情爱，这样的说法我觉得并不过火。

当你没有朋友的时候，你不感觉寂寞吗?

当你寂寞的时候，你能不怀念起久别的故人吗?

前年春天（那时我在重庆）住在九龙的红来信里，曾经有过这样的寄语：

不知为什么，莉，我的心情永久是如此的抑郁，这里的一切景物都是多么恬静和幽美，有山，有树，有漫山漫野的鲜花和婉啭的鸟语，更有澎湃泛白的海潮。面对着碧澄的海水，常会使人神醉的，这一切，不都正是我往日所梦想的写作的佳境吗？然而呵，如今我却只感到寂寞！在这里我没有交往，因为没有推心置腹的朋友。因此，常常使我想到你，莉，我将尽可能在冬天回去……

冬天，她没有回来，冬天过了，我也就离开了重庆。从此，不要说是聚首，就连音讯竟也隔绝了。想不到，离别了故人的红那寂寞的心声，竟已变成她对我的最后的倾诉了。

生活在自由的土地上，却偏偏痛感到友情的淡漠，越得不到友情的温暖，也越感到友情的可珍。近几月来，也许是为了寂寞的缘故吧，对于还在南海的红，有着一种殷切的怀念，也正有着和红同样的心情。因之，香港沦陷的消息传来，较之居留在那里的文化界的朋友，我更关心着红的安全，总在默祈她脱离险境，更期待着一个重相聚首的机会。三个月当中，幸灾乐祸的人们，如同一群讨厌的猫头鹰，在不断地鼓噪着不祥，那让人悲愤，也让人灰心的不怀好意的挽歌，早使我的期待淡漠下去了。幸而，“香港文化界百余人，已安抵自由祖国”的喜讯，封闭了猫头鹰的嘴巴。它正如一阵愉快的春风，吹开了我郁锁的心扉，欢欣的激动使我的心失常地跳动起来；而我的期待更炽烈地复燃了。在这迫切的期待之下，我常常自慰似的默默下着结论：

“红一定脱险了，而且我相信，她一定会来延安的。”

然而，我的期待只不过是一个渺茫的希望，当我正在企盼着一个更确切的喜讯的时候，蔽天的黄风却挟来了那样击人欲昏的沙砾：我那时年的挚友能够闪躲了敌人的刀锋，而竟未能拒绝死的召唤，“生于贫病，死于贫病”，这难道是为革命的事业而呕心沥血的红应得的报酬吗？

听到这噩耗，不仅作为挚友的我感到深沉的悲痛；我想，凡是读过她的作品的人都会同声哀悼的。当时，我曾经对敌人起着切齿的痛恨，可是，当悲愤之余，我仔细一玩味的时候，我却又不能把红的死完全归罪于我们的敌人了。虽然“战时奔走避难，以致病势转剧”，但我觉得，那只能促她速死，而不是使她夭亡的主因。因为，她的病，我要说是忧郁的累积。

写到这里，在我的脑中又展开了一些片段的回忆；虽然我对红的感情的变化理解得也许不完全正确，为了纪念生平唯一的知友，我愿意真诚坦白地倾吐出我的衷曲。

我和红的相识是在她和军结缡未久、还是初恋的时候。每当我走进那不见阳光的小屋，就会感到一种幸福的和谐，只能看到他们啃嚼着干了的面包，却从未看到过那因过分的贫困的迫压而显露的愁眉苦脸。精神是生命的支柱，他们虽说“吃的是草”而“挤的是牛奶”，还是显得那样愉快健康。在互相砥砺之下，不断地写、严肃地写，不管是溽暑或严冬，他们流着汗或是痉挛着冻僵的手，在消耗那无以补充的脑汁。那时我不过刚刚和文艺结缘，还不能理解一个写作者的心情，我常常以一个世俗者的心理，去衡量他们的处境，我想，他们为什么甘愿受着贫困的玩弄，而不去寻求一个职业呢？有时真想向他们进一点忠告，可是，当我一看见那两张愉快的无忧的孩子般的脸，便把进谏的意念打消，不知觉地混搅在他们的愉快的洪流之中，再不会感到他们会有什么贫困的苦痛了。即使在他们怄气的时候，你也不能不承认那是幸福的争吵。不奇怪吗？这一切，像谜一样地迷惑我单纯的心。慢慢地，我才得到了结论：他们的幸福、快乐是建筑在共同的事业和真挚的情爱上，绝不是贫困的手所可左右的。

这种给朋友以安慰、以钦羡的和谐，一直持续到他们离开哈尔滨的时候。朋友们是以恋别的眼，看着他们捧着注满的幸福之杯踏上流亡的征途的。这一时期，一直被命运苛待的红要算是真正品尝到人生之乐了。

别后，红远在祖国的海边，是获得了足以报偿她的努力的成就，而我却还留在沦陷了两年的东北，压抑着火样的热情和理想，忍受着敌人的迫害，因而一年当中，我们间的消息几乎完全断绝了。

一年之后，我们侥幸地又在沪滨相逢，而且有机会生活在一起。一切仿佛都没有变样，他们的生活仍不因为那成就而变好，贫穷永远在尾随着他们。他们依然是那样达观地以冷眼对向着贫穷，表现着极强的生命力从事于写作。

这时的红呢，面色是苍白的、病态的，精神也不似以往那样愉快，仿佛有一株忧郁之苗在她的心上发芽了。两个月的共同生活中，我只感觉到红那只注满的幸福之杯仿佛已在开始倾泻了。

红是一个神经质的聪明人，她有着超人的才气，我尤其敬爱她那种既温柔又爽朗的性格，和那颗忠于事业、忠于爱情的心；但我却不大喜欢她那不能忍让的“美德”，这也许正是她的弱点：她的真挚的、爱人的热情没有得到真挚的答报，相反的，正常常遭到无情的挫伤；她的温柔和忍让没有换来体贴和恩爱，在强暴者面前只显得无能和懦弱。

几年来，大家都在到处流亡，我和红也还能到处相遇，每次看见她，在我们的促膝密语中，我总感觉到她内心的忧郁逐渐深沉了，好像有一个不幸的未来在那里等待着她。

预料的不幸终于发生，幸福之杯粉碎了，红和军决然地分开，据传说，红竟爱上了一个她并不喜欢的人。

此后，她的感情的突变是非常显著的。久别之后，在重庆一个小镇上，我们有幸又在一起生活了一个较长的时期。虽然整天住在一个房子里，红却从不向我谈起和军分开以后的生活和情绪，一切她都隐藏在她自己的心里，对着一向推心置腹的故友也竟不肯吐露真情了，似乎有着不愿告人的隐痛在折磨着她的感情，不然，为什么连她的欢笑也总使人感到是一种忧郁的伪善呢？

她变得是那样暴躁易怒，有两三次，为了一点小事竟例外地跟我发起脾气，直到她理智恢复，发觉我不是报复的对象时，才慢慢沉默下去。

有一次，她竟这样对我说：“贫穷的生活我厌倦了，我将尽量地去追求享乐。”

这一切，在我看来都是反常的。我奇怪，为什么她对一切都像是怀着报复的心理呢？也许，她的新生活并不美满吧？那么，无疑地，她和军的分开该是她无可医治的创痛了。

她不愿意讲，我也不忍去触她的隐痛，直到我们最后握别时，她才凄然地对我说：

“莉，我愿你永久幸福。”

“我也愿你永久幸福。”

“我吗？”她惊问着，接着是一声苦笑，“我会幸福吗？莉，未来的远景已经摆在我的面前了，我将孤寂忧悒以众生！”

这句话到现在还幽凄地响在我的耳边，它留给我以悲哀的记忆。如今，红已安息在地下了，当她与生诀别时，是否如她的语言一样呢？我无由得知，更欲问无从了！

一九四二年四月十日

蓝家坪

（选自《怀念萧红》，黑龙江人民出版社，1981 年）

## 忆萧红 / 胡风

萧红死去已四十余年了，今年又逢她七十岁诞辰。国内外的有心人士都在研究她，纪念她，发表了很多纪念文章，内中定有许多卓越的见解。可惜我不能亲自阅读。

回想起三十年代初，萧氏夫妇初到上海的情况，还是清晰在目的。

第一次鲁迅先生为我们安排了会见，在四马路小花园弄的梁园（河南菜馆）请客，目的是介绍我和别的朋友们与他们见面。可惜约我们赴约的信，被我的小姨子耽误了，她第二天才送来。这使我失去了与他们见面畅谈的机会，还让他们失望久等，我现在想起还感到对不起当时鲁迅先生的一片精心安排，他是要我带着妻子和初生的婴儿一同赴宴的。

不久我们在别的情况下，见面了。见到这一对在遭敌人侵略的土地上用笔参加了民族革命斗争的青年夫妇，是令我高兴的。尤其是当时叫悄吟的后来的萧红，我觉得她很坦率真诚，还未脱女学生气，头上扎两条小辫，穿着很朴素，脚上还穿的球鞋呢，没有那时上海滩上的姑娘们的那种装腔作势之态。因此虽是初次见面，我对他们就不讲客套，可以说是一见如故了。

后来，她将她的中篇小说给我看了，还告诉我它还没有名字，又希望我能为它写序，我当时谢辞了，要他们请鲁迅先生写。但是鲁迅先生和我闲谈时，也叫我写，说他一人写两本书的序不太好，也实在没什么好说的，你来一篇吧。我就答应了写一篇读后记。

读了这个中篇，我吃惊于作者对她所写的人物的敏锐感觉，用字的大胆和特殊的风格，这是有着发光的才华的未来女作家，我在后记里这样写了——

这是用钢戟向晴空一挥似的笔触，发着颤响，飘着光带，在男性作家里面不能不说是创见了。

然而，我并不是说作者没有她的短处或弱点。第一，对于题材的组织力不够，全篇显得是一些散漫的素描，感不到向着中心的发展，不能使读者得到应该能够得到的紧张的迫力。第二，在人物的描写里面，综合的想象的加工非常不够。个别地看来，她的人物柱是活的，但每个人物的性格都不突出，不大普遍，不能够明确地跳跃在读者的面前。第三，语法句法太特别了，有的是由于作者所要表现的新鲜的意境，有的是由于被采用的方言，但多数却只是因为对于修辞的锤炼不够。我想，如果没有这几个弱点，这一篇不是以精致见长的史诗就会使读者感到更大的亲密，受到更强的感动罢。

当时我这样写，并不是苛求。因为她是有能力克服这些短处和弱点的，作为一个朋友，我应尽的责任，就是向她说心里的真话。这在今天萧红热的浪潮中，当然不合时宜了。

他们的两本书《八月的乡村》和《生死场》，为民族解放斗争增加了力量，也为我们左翼文艺工作带来了新的气息。由于是自费印的，发行很困难。我曾从鲁迅先生那里，十本二十本的拿去，由当时的左联工人文艺小组代为推销，将它们直接送到工人同志们的手里。说老实话，那时带着这么一大包不合法的书，如果遇上了巡捕（上海租界的警察）抄靶子（搜身），是有被捉将官里去的危险的。

萧红后来又写了许多短篇小说和散文，有些实在写得好，看得出在文字修辞和对人物性格的刻画方面，有很大的进步。我常常忍不住在萧军面前夸萧红。我说："她在创作才能上可比你高，她写的人物是从生活里提炼出来的，活生生的，不管是悲是喜都能使我们产生共鸣，好像我们都很熟悉似的。而你可能写得比她深刻，但常常是没有她的动人。你是以用功和刻苦，达到艺术的高度，而她可是凭个人感受和天才在创作……"一向非常骄傲专横的萧军，在这方面他是完全承认了的。只不好意思地笑笑说："我也是重视她的创作才能的，但她可少不了我的帮助……"这时萧红多半很委屈地撇撇嘴。

这两本书出来后，销售很好，他们就成了名作家了。卖稿不成问题，还有人拉拢捧场。这时生活好了，不用发愁了，同时也滋生高傲情绪。尤其是在他们夫妇之间，我感到反而没有患难与共时那么融洽那么相爱了。

"八一三"上海沦陷后，我们相继到了武汉。当时我创办了《七月》文艺半月刊，他们很乐意帮助我，成为同人之一。不过在这种火热的抗日斗争时期，他们一下子还无法投入进去似的，未能写出反映这一斗争的令人满意的作品。他们自己可能也感到了，就答应到山西临汾民族革命大学去教书和参加抗日救亡工作。我当时是十分希望并祝愿他们能获得双丰收，为革命文艺和抗日战争贡献出力量！

第二年初夏她回武汉了。而伴同她回来的可是和她并不相投，还很看不起的 T。当她告诉我已和萧军分离了，我不吃惊，认为她这样做是迟早的问题。我向她说：“作为一个女人，你在精神上受了屈辱，你有权这样做，这是你坚强的表现。我们做朋友的为你能摆脱精神上的痛苦是感到高兴的。但又何必这样快？你冷静一下不更好吗？”

我坦率地说出了我的意见，可能伤了她的自尊心，尤其使那个 T 不高兴。这样我们就显得疏远了。

在重庆我们又再见，她还常来看我们，如果是她一个人来，我们谈得很好，如果遇见的是他们两个人，就显得无话可说似的。可能是我不愿说，她不敢随便说。

有一次她一个人来家看我，我不在。我妻子将萧军新近寄来的新婚照片给她看了。她看后好半天没有说话，看去这在感情上对她是一个不小的打击。她没有等我，就匆匆走了。后来我们虽同住在北碚乡下，我只听靳以告诉我她在生活方面的一些不愉快的情况，但她一直未来看过我。可能与这照片有关，她把我看作是萧军同党了吧。

她忽然没有告诉任何人，随 T 乘飞机去香港了。她为什么要离开当时抗日的大后方？她为什么要离开这儿许多熟悉的朋友和人民群众，而要到一个她不熟悉的、陌生的、言语不通的地方去？我不知道，我想也没有人能知道他们的目的和打算吧？这样她就和内地远离了，她的情况我们也无法知道了。

1981 年除夕夜

## 在西安 / 聂绀弩

何人绘得萧红影，
望断青天一缕霞。

——西青散记

“飞吧，萧红！你要像一只大鹏金翅鸟，飞得高，飞得远，在天空翱翔，自在，谁也捉不住你。你不是人间笼子里的食客，而且，你已经飞过了。”当你在黄昏的雪的市街上，缩瑟地走着的时候，你的弟弟跟在后面喊：“姐姐，回去吧，这外面多么冷呵！”

“哦，你别送我了！”你说。

“是回去的时候了，家里人都在盼望你的音讯咧！”

“弟弟，你的学校要关门了！”

不管弟弟，不管家人，你飞过了！今天，你还要飞，要飞得更高、更远……

“你知道吗？我是个女性。女性的天空是低的，羽翼是稀薄的，而身边的累赘又是笨重的！而且多么讨厌呵，女性有着过多的自我牺牲精神。这不是勇敢，倒是怯懦，是在长期的无助的牺牲状态中养成的自甘牺牲的惰性。我知道，可是我还免不了想：我算什么呢？屈辱算什么呢？灾难算什么呢？甚至死算什么呢？我不明白，我究竟是一个人还是两个；是这样想的是我呢？还是那样想的是。不错，我要飞，但同时觉得……我会掉下来。”

朦胧的月色布满着西安的正北路，萧红，穿着酱色的旧棉袄，外披着黑色小外套，毡帽歪在一边，夜风吹动帽外的长发。她一面走，一面说，一面用手里的小竹棍儿敲那路过的电线杆子和街树。她心里不宁静，说话似乎心不在焉的样子；走路也一跳一跳的。脸白得跟月色一样。她对我讲了许多话，她说：

“我爱萧军，今天还爱，他是个优秀的小说家，在思想上是个同志，又一同在患难中挣扎过来的！可是做他的妻子却太痛苦了！我不知道你们男子为什么那么大的脾气，为什么要拿自己的妻子做出气包，为什么要对自己的妻子不忠实！忍受屈辱，已经太久了……”

接着又谈和萧军共同生活的一些实况，谈萧军在上海和别人恋爱的经过……我虽一鳞片爪地早有所闻，却没有问过他们，今天她谈起，在我，还大半是新闻。

在临汾分手的时候，我不知道他们之间谈过一些什么话；表面上，都当作一种暂别，我们本来都说是到运城去玩玩的，萧军的兴趣不高，就让他留下了。一个夜晚，萧军送我、萧红、丁玲、塞克、D.M. 到车站，快开车的时候，萧军和我单独在月台上踱了好一会。

“时局紧张得很，”他说，“临汾是守不住的，你们这回一去，大概不会回来了。爽兴就跟丁玲一道过河去吧！这学校（民大）太乱七八糟了，值不得留恋。”

“那么你呢？”

“我不要紧，我的身体比你们好，苦也吃得，仗也打得。我要到五台去。但是不要告诉萧红。”

“那么萧红呢？”

“哦，萧红和你最好，你要照顾她，她在处世方面，简直什么也不懂，很容易吃亏上当的。”

“以后你们……”

“她单纯、淳厚、倔强、有才能，我爱她。但她不是妻子，尤其不是我的！”

“怎么，你们要……”

“别大惊小怪！我说过，我爱她；就是说我可以迁就。不过还是痛苦的，她也会痛苦，但是如果她不先说和我分手，我们还永远是夫妻，我决不先抛弃她！”

我听了为之怃然了好久，我至少是希望他们的生活美满的。当时，还以为只有萧军蓄有离意；今天听见萧红诉述她的屈辱，才知道她也跟萧军一样，临汾之别，大概彼此都明白是永久的了。

我们在马路上来回地走，随意地谈。她说的多，我说的少。

最后，她说：“我有一件事要拜托你！”

随即举起手里的小竹棍儿给我看：“这，你以为好玩吗？”那是一根二尺多长，二十几节的软棍儿，只有小指头那么粗。她说过，是在杭州买的，带着已经一两年了。“今天，D.M. 要我送给他，我答应明天再讲。明天，我打算放在箱子里，却对他说是送给你了，如果他问起，你就承认有这回事，行吗？”

我不假思索地答应了她。我知道她是讨厌 D.M. 的，她常说他是胆小鬼，势利鬼，马屁鬼，一天到晚在那里装腔作势的。可是马上想到，这几天，似乎没有放松每一个接近她的机会，莫非他在向她进攻吗？我想起萧军的嘱托。我说：

“飞吧，萧红！记得爱罗先诃童话里的几句话么，‘不要往下看，下面是奴隶的死所！’……”

她的答话，似乎没有完全懂得我的意思。当然，也许是我没有完全懂得她的意思。

在西安过的日子太久了，什么事都没有，完全是空白的日子！日寇占领了风陵渡，随时有过河的可能，又经常隔河用炮轰潼关，陇海路的交通断绝了，我们没有法子回武汉。这时候，丁玲约我同她到延安去打转。反正闲着无聊，就到延安去看看吧。一连几天都和丁玲在一块接洽关于车子的事情。没有机会与萧红谈什么。

临行的前一天傍晚，在马路上碰见萧红。

“你吃过晚饭没有？”她问。

“没有。正想去吃。你呢？”

“我吃过了。但是我请客。”

“你又何必呢？”

“我要请你，今晚，我一定要请！”

进饭馆后，她替我要两样菜，都是我爱吃的。并且要了酒。她不吃，也不喝，隔着桌子望着我。

“萧红，一同到延安去吧！”

“我不想去。”

“为什么？说不定会在那里碰见萧军。”

“不会的。他的性格不会去，我猜他到别的什么地方打游击去了。”

吃饭的时候，我没有说话，她也不说话，只默默地望着，目不转睛地望着，好像窥伺她的久别了的兄弟姐妹是不是还和旧时一样健饭似的，在我的记忆里，这是她最后一次含情地望着我。我记得清清楚楚，好像她现在还那样望着我似的。我吃了满满三碗饭。

“要是我有事情对不住你，你肯原谅我吗？”出了馆子后，她说。

“你怎么会有事对不住我呢？”

“我是说你肯吗？”

“没有你的事，我不肯原谅的。”

“那个小竹棍儿的事，D.M. 没有问你吧？”

“没有。”

“刚才，我已经送给他了。”

“怎么，送给他了！”我感到一个不好的预兆，“你没有说已先送给我了吗？”

“说过，他坏，他晓得我说谎。”

沉默了一会儿，我说：“那小棍儿只是一根小棍儿，它不象征着旁的什么吧？”

“你想到哪里去了？”她把头望着别处，“早告诉过你，我怎样讨厌谁？”

“你说过，你有自我牺牲精神！”

“怎么谈得上呢？那是在谈萧军的时候。”

“萧军说你没有处事经验。”

“在要紧的事上我有！”

但是那声音在发颤。

“萧红，你是《生死场》的作者，是《商市街》的作者，你要想到自己文学上的地位，你要向上飞，飞得越高越远越好……”

第二天启行，在人丛中，我向萧红做着飞的姿势，又用手指天空，她会心地笑着点头。

半月后，我和丁玲从延安转来，当中多了一个萧军。他在到五台山去的中途折到延安，我们碰着了。一到 ×× 中（我们的住处）的院子里，就有丁玲的团员喊："主任回来了！"萧红和 D.M. 一同从丁玲的房里出就来，一看见萧军，两人都愣了一下。D.M. 赶来和萧军拥抱，但神色一望而知，含着畏惧、惭愧，"啊，这一下可糟了！"等复杂的意义。我刚走进我的房，D.M. 连忙赶过来，拿起刷子跟我刷衣服上的尘土。他低着头说："辛苦了！"我听见的却是："如果闹什么事，你要帮帮忙！"我知道，比看见一切还要清楚地知道：那大鹏金翅鸟，被她的自我牺牲精神所累，从天空，一个筋斗，栽到"奴隶的死所"上了！

一九四六年一月二十日 • 渝

（选自重庆《新华日报》，1946 年 1 月 22 日）

## 记萧红女士 / 柳亚子

作家萧红女士，真实名为张迺莹，龙江世家女也。愤东北沦陷，弃家内渡，初至上海，为鲁迅先生所器重。抗战军兴，曾北入秦晋，冬巡汉皋，西窥巴渝，寻复南游香岛，止焉。以肺病入玛丽医院，久乃益剧，遂退院，养疴九龙之乐道。余初未识女士，但耳其名：一日，访端木蕻良于所居，则女士已由医院归来矣。虽偃卧病榻，不能强起，而握手殷勤，有如夙昔相稔者。嗣后暇辄往诣，每娓娓清谈，不以为累。尝倚枕为余题诗册子，喟然叹曰：“安得病愈，偕观电影，更就酒楼小饮，则其乐靡穷矣。”今日与端木言之，未尝不有余悲也。太平洋战争爆发，女士嘱端木以笺招余，至则惊怖甚，谓：“病体不支，闻飞机声心悸弗可止。”余强颜慰藉之，悄然别去。明晨，余渡海止西摩道，则闻女士已在思豪酒店矣。尝亲以电话邀余语，喋喋不休，余恐损病体，未敢多流连也。孰意即此为永诀，后遂不复能闻其謦欬耶！香岛既陷，余间关返故国，途次曲江，初闻女士病殁噩耗，犹弗忍置信。及抵桂林，重晤端木君，始知事有不可掩覆者。嗟夫，天地不仁，万物刍狗：以女士掀天之意气，盖世之才华，而疾病困之，忧患中之，致令奄然长往，一瞑不视，甯非人世之大哀欤！兴言及此，叹息弥殷已。

编者按：1941 年年底，萧红已重病不起，柳亚子时去病院安慰萧红。日寇发动太平洋战争，占领香港。柳亚子准备返回内地之时，闻萧红逝世，作七绝以悼：“杜陵兄妹缘何浅，香岛云山梦已空。公爱私情两愁绝，剩挥残泪哭萧红。”

（选自柳亚子《怀旧集》，耕耘出版社，1946 年）

## 怀萧红 ——纪念她的六年祭 / 袁大顿

到今天，萧红的逝去，又是六年祭了。

前些天我又来到浅水之滨，拜扫她的墓地，然而当我伫立在这寒荒的墓地之前，墓地尽让荒草野卉丛生着，坟的周围，堆砌上一圈子的白麻石，中间只站立着一块木板，写上四个嶙峋的字："萧红之墓"（这四个字还是端木蕻良用血泪写就的）。我的眼前仿佛一片黑，凄楚的泪水汩汩的涌上来，这哀思无可寄托，在悲痛中我噬碎了自己的心。

人世间还有比这更惨痛的吗？八年的离别，而今天面对着的却是这么一个荒凉的坟头。萧红死了吗？她最喜爱穿的那件盘着金边的枣红色的绒长旗袍，不是分明还在我的眼前摇晃？还有那一双明亮的眸子；那额际的一撒低垂的刘海；脑后的左右两根小辫打成钉锤形样式，还是那么一闪一闪地，在我眼底活跃呢？然而这一切都和欢乐的回忆，在一起成了我的心上暗影了。

我初认识萧红，是一九四〇年的秋天（那时她偕着端木自重庆来港）在大东酒店的文协欢迎会上。但没有留下很深的印象。直到后来大家在时代批评社搞《时代文学》的时候，我们见面和谈话的机缘才频数起来。很快，我们之间便建立了一种强然的友情。

萧红开始为《时代批评》写文章，那是一个长篇《马伯乐》的后半部，故事正发展至马伯乐一家人流亡到沪滨，笔调是那么的细腻、柔和，而又哀伤的。我很喜爱，当时我还特地找了一个精致的标题头花，去编排这个长篇。然而发刊了不够半年，她便病倒了。

不久，她就进入玛丽医院去疗养。

出于《时代文学》编务的关系，差不多我每天就要去九龙会端木蕻良。那时端木的腿部也患着风湿瘫痪疾，行动很迟钝，有好多次，我就是陪伴着他去探访萧红。萧红的病榻是在玛丽医院四楼院的前方走廊上，正面临环围着的半面海，看着那浩瀚的海，那大块的万里长空，吸着旷野的新鲜空气，这时萧红的心境，还是很愉快的。在寂寥中她把一本《圣经》读完了，见到我们来，总嚷着太寂寞，要我们下次带点新书给她看，但医生老是不许，我们没办法，只得送给她一些画报，她笑了，她说我们把她当成儿童来看待。

在十一月中，有一次，因为她早先健康时写就的《马伯乐》的一部分积稿，发表到第九章（这时马伯乐已再流徙至华中了）时，已发表完了，看来这故事的发展还很长邈，我于是又到玛丽医院去探候她，并告诉她《马伯乐》的积稿已刊完了，续稿怎么办，这一问，她怔住了说：

“大顿，这我可不能写了，你就在刊物上说我有病，算完了吧。我很可惜，还没有把那忧伤的马伯乐，提出一个光明的交代。”我看出她当时神情好像很愁沉似的，这时我也难过极了。跟着她又说，语气却变了：

“年青人要多用功……年青人有着生命的欢欣，身体壮实的爱好，美的欣慕，打扮的留恋，智识的吸取；我们要使他们能发掘生命的幽微隐秘，寻出被拘囚被捶楚得体无完肤了的人类的真理！”这番活，到今天还记得很清楚，是的，那时我还不过是一个二十岁的少年人，萧红那时正是我的一个好教师。然而，《马伯乐》就有如她的“红楼”一样，又成为一件未竟的著作了。

到了十一月底，萧红因为厌倦于医院的生活，又迁回尖沙嘴乐道的寓所里来了。但这时萧红的病象却越发深沉了，这时端木因为要陪侍做着她的《时代文学》的编务，我因之便愈形繁起来，我到九龙城的机会便愈频数起来。因为端木走不开，所以那时他和她的好些事情，我都替她俩来搞。

这时，来探候萧红的友人真多，比如茅盾，巴人，骆宾基，杨刚等都常来，我于是也替他俩来招待客人。有时，她神志不怎安，需要休憩了，我也替她权充挡驾来访的人的“门人”。

由于在家医疗的不便，萧红的病一天比一天更糟。白天她睡得也很不宁，卧榻常常要南移又要北转，端木和我就像给她摆动摇篮一样地去把她的床摆东又摆西。她喉头的痰越来越多，我替她买痰盂，买药品一天有时得跑上几趟，她是很自信的，她要常常知道自己病态的变化。有一次，她要我替她到屈臣氏药房买一支试体温的摄氏水银管，因为不在行，给买了一支华氏的回来，于是她笑了（在这时她的笑靥是难得见的），笑后，却温顺地给我解释了一套体温管的使用法。萧红真挚的心魂的大门，在苦难临头时也为人打开的。十二月六日，我因事离开香港，想不到八日太平洋战争就发生了，而萧红就终于在一九四二年一月二十二日，离开了人间。

萧红于一九三四年从遥远的中国北方出走，在（异乡）孤独的生活着。却给中国的文学带来了春天的一道阳光，这一道阳光照射到哈尔滨附近的贫苦村庄，照射到羔羊、母鸡和老马，以及《生死场》中每个褴褛的农夫、农妇的身上。

这一道阳光，花开三月的阳光，也照射到呼兰河，县城，县城里的大泥坑，札彩铺，卖麻花的，卖豆腐的——以及自尊心很强的有二伯。他遇到小孩子每每喜欢说："你看天空飞个家雀"，而趁那孩子往天空一望的工夫，就伸手取下孩子的帽子，放在长衫下又说："家雀衔走了你的帽子。"

这一道阳光，又于一九四二年一月廿二日消失了，在宇宙间、永远消失了。留下来的，只是存在爱读她的作品的读者们心上那一线不灭的温暖。

（选自香港《星岛日报》，1948 年 1 月 22 日）

## 萧红的城市 / 阿城

而今，先前的呼兰县也归入哈尔滨的版图了，成为哈尔滨的一个区。萧红就出生在呼兰。我的老父亲讲，呼兰，原本叫呼达兰。但是，究竟是地名还是人名，他没说，便是他说了，可他老人家的说法准确吗？老父亲说，先前，从呼兰到哈尔滨只有一辆私人的公共汽车，那是一辆长鼻子的老式日本通河车。由父子俩开的，如果是父亲开车，就由儿子收钱，如果儿子开车，就由父亲收钱。至于收多少钱，他老人家没说。相信也不会太贵的吧。从呼兰到哈尔滨，半个小时的路程就够了。那么，这辆长鼻子的通河车从哪儿过江呢？因为从呼兰到哈尔滨中间还隔着一条松花江呢。摆渡过江吗？还是绕到太平区，从那个老江桥上过去？这些，萧红在她的文章里没说——我想，或许车到了江边就会停下来，客人下车，然后再坐船过江的吧。

先前，呼兰是一个微型的小县城，或者因为与哈尔滨隔江相望，才有了城市模样的小繁荣。倘若从哈尔滨方向进入呼兰，还要过那条清凌凌的呼兰河。呼兰河的下游流向哪里我不知道，单是呼兰河上游段的朗乡我是去过的，去那里至少要坐五六个小时的火车呢。

我每每过这条河的时候，都明显地感到萧红的魂魄一直在这条几近干涸的河边游荡着。

萧红写道：

七月十五盂兰会，呼兰河上放河灯了。河灯有白草灯，西瓜灯，还有莲花灯。和尚、道士吹着笙、箫、笛，穿着拼金大红缎子的褊衫。在河沿上打起场子来做道场。那乐器的声音离开河沿二里路就听到了……大家一齐等候着，等候着月亮高起来，河灯就要从水上放下来了。(《呼兰河传》)

可谁在这个日子里为萧红招魂呢？

记得在一次座谈会上，我问与会的几个外国朋友，是否知道呼兰，他们一律摇头，他们摇头也就罢了，但另一位当地的旅游官员在一边却小声地嘟哝说，他们怎么会知道，这都是文人小圈子里的事。我对那几个洋人说，如果你们到哈尔滨不知道萧红，就像到法国不知道雨果、巴尔扎克，到意大利不知道卜加丘，到荷兰不知道伦布朗，到法兰克福不知道席勒一样，至少你们对这座城市缺少三分之一的了解。那几个洋人听了以后非常震惊，也很尴尬。

萧红的家在呼兰龙王庙前的英顺胡同。而今已改为萧红路，但依旧是一条清静至极的短街。先前，青砖黑瓦的大宅院是很大的。临街处有一个不大的木门，吱呀一声推开门，小心地走进去，那宅子的模样是一幢很纯粹的中式建筑，灿烂的阳光下依旧的清静。已没有人住了，萧红一家人大部分都过世了。后人和当地政府为了纪念她，极力地保护了这幢宅子，并开了一较大的广场。进到屋里，依旧是过去的陈设，灶房、火炕、桌椅、炕琴——萧红的家在这里，虽然你看不见她，但能感觉到她就在这儿，或在后花园，或在磨坊里。

萧红在这个小城念的书，1925 年，14 岁的萧红，念到高小二年级便随着人流上街游行，声援上海学生反帝爱国斗争了。16 岁的时候，她坐上那辆长鼻子的日产通河车，过了清凌凌的、鸦阵如云的呼兰河，穿过那条几乎能将通河车淹没的蜡色芦苇和紫色荻花的土道，再乘船横渡松花江，来到哈尔滨东北特别市第一女子中学读书。

萧红的字写得很清秀。字是心灵的窗子，若论是书法艺术也毫不为过。从她的娟秀逸美的小字，走进她的文章，似乎进入了一个至圣至洁的天地。萧红的这种天籁的品性，融入了她的每一篇文章——她是呼兰小城的化身，呼兰河的化身，她是呼兰城的守护神，呼兰因萧红而不朽。

萧红将她在哈尔滨的生活写成一篇篇不大的小文章，在纯净之夜重读这些文字，《商市街》《欧罗巴旅馆》《最末的一块木柈》《他去追求职业》等，让你震惊的是，她将一个人的痛苦、困境、贫穷、饥饿、颓废拼叠出一枝枝蓝色的小花，轻轻地放在你的面前，让你有不尽的感慨。

哈尔滨的中央大街，商市街，因萧红走过，陡然增加了几十倍的中国式的自尊与优雅的风度。

萧红是抛弃了富贵来到这座城市的，与那些到这座城市里淘金的商人是永远的两路人：

“我们吃什么饭呢？吃面或是饭？”

“居然我们有米有酒了，这和去年不同，忽然那些回想牵住了我……借到两角钱或一角钱……空手他跑回来……抱着新棉袍去进当铺。”（《又是冬天》）

这座城市自从萧红出现的那一天，就对她有无比的敬意和永恒的爱。后来，萧红从哈尔滨乘火车去了上海，鲁迅先生很赏识这个和他一样背叛家庭的年轻女性。

萧红曾经为呼兰河写过《呼兰河传》，也为呼兰小城做过传（《小城三月》《生死场》），还为哈尔滨这座城市写了几十篇文字——听说，这座城市要为萧红塑一座像，我为这座城市感到无比的自豪。

（选自《文艺报》，2010 年 9 月 8 日）

# 二｜萧红年表

1911 年 / 出生

6 月 1 日（农历五月初五）。出生于黑龙江省呼兰县（现哈尔滨市呼兰区）城内龙王庙路南的张家大院。乳名荣华，学名张秀环。

1916 年 / 5 岁

二弟连贵（张秀珂）出生。萧红学名改为张迺莹。

1917 年 / 6 岁

7 月 9 日。祖母范氏病故。其后，萧红搬到祖父房间，祖父开始口授《千家诗》。

1919 年 / 8 岁

8 月 26 日（农历闰七月初二）。母亲姜玉兰不幸染上霍乱，三天后病故。

12 月 5 日（农历十月十四日），父亲张廷举续娶梁亚兰。婚后生三子（张秀、张秀琢、张秀琬）二女（张秀玲、张秀珑）。

1920 年 / 9 岁

秋，萧红入呼兰县乙种农业学校女生班，上初小一年级。该校俗称龙王庙小学，后改称第二十国民小学、南关小学，现为萧红小学。

1921 年 / 10 岁

秋，升入初小二年级。三弟感染霍乱夭亡。

1922 年 / 11 岁

秋，升入初小三年级。弟弟张秀珂入龙王庙小学读一年级。

1923 年 / 12 岁

秋，升入初小四年级。

1924 年 / 13 岁

夏，初小毕业。

秋，入北关初高两级小学女生部，读高小一年级。学校位于城北二道街祖师庙院内，后曾称为道文小学、第一初高级完全小学、胜利小学等。不久，张廷举出任该校校长。

1925 年 / 14 岁

秋，转入呼兰县第一女子初高两级小学（即后来县立第一初高两级小学的女生部，该校校址在今呼兰县第一中学院内），插班高小二年级。

1926 年 / 15 岁

6 月末，高小毕业，萧红到哈尔滨继续上中学的愿望遭父亲、继母反对。萧红以与家长冷战的方式进行抗争。

1927 年 / 16 岁

夏，因抗争无果，扬言效仿田慎如到天主教堂当修女，张廷举终于妥协，同意萧红继续读书。

秋，入哈尔滨“东省特别区区立第一女子中学”就读，该校前身为私立“从德女子中学”，现名为萧红中学。

1928 年 / 17 岁

3 月 15 日（农历二月初五）。祖父张维祯八十寿诞。黑龙江省“剿匪”总司令、东北陆军十二旅中将旅长马占山等人前来祝寿。

11 月 9 日。“哈尔滨市学生维持路权联合会”发起反日护路游行示威活动，史称“一一·九”运动。萧红参加游行。

1929 年 / 18 岁

1 月。由六叔张廷献（张廷举的异母弟）保媒，张廷举将其许配给哈尔滨顾乡屯汪恩甲，两人正式订婚。

6月7日（农历五月初一）。祖父病故，回家奔丧。

1930年/19岁

夏，初中毕业。父亲和继母主张萧红与汪恩甲完婚。在同学徐淑娟等的鼓动下，萧红准备抗婚求学。

秋，假意同意与汪恩甲结婚从家里骗出一笔钱，出走北平，入北平大学女子师范学院附属女子中学读高中一年级。

1931年/20岁

1月。回呼兰，遭软禁，精神极度痛苦。

2月。返回北平。汪恩甲随后找到萧红。

3月。返回呼兰。

4月。搬到阿城福昌号屯，开始长达六个月的软禁生活。

10月3日。离开福昌号屯逃至阿城，乘火车逃至哈尔滨。

10月上旬。开始在哈尔滨街头流浪，生活困苦不堪，再次与汪恩甲交往。

12月初。住进在东省特别区第二女子中学就读的堂妹张秀珉宿舍，经张秀珉、张秀琴姐妹斡旋，在该校高中一年级插班。后与汪恩甲住进道外东兴顺旅馆。

1932年/21岁

5 月中。汪恩甲离开东兴顺旅馆，被家庭扣下。萧红不满汪恩甲之兄汪大澄代弟解除婚约，状告其“代弟休妻”。因汪恩甲在法庭上为其兄开脱，官司败诉。

6 月中。因欠旅馆食宿费四百余元，萧红被扣为人质，陷于被卖到低等妓院的困境。

7 月 9 日。向《国际协报》文艺副刊主编裴馨园发信求助。裴馨园随即带人到旅馆探访，并与友人商讨营救方案，未果。

7 月 12 日。萧军受裴馨园之托到东兴顺旅馆探访。二人第一次初见相爱。次日，萧军再来旅馆，两人迅速陷入热恋。

8 月 7 日。松花江决堤二十余处，整个道外区顷刻一片汪洋，街可行船。

8 月 9 日。搭搜救船离开东兴顺旅馆，住进裴馨园家，不久，与裴家人产生隔阂。

8 月底。在哈尔滨市公立第一医院（现哈尔滨市儿童医院）产下一名女婴，旋即送人。

9 月下旬。被接回裴家。几天后，又与萧军一起搬出，住进欧罗巴旅馆。

11 月中旬。萧红和萧军从欧罗巴旅馆搬出，安家于商市街 25 号。经金剑啸介绍，参加“牵牛坊”的活动。

1933 年 / 22 岁

4月18日。完成长篇纪实散文《弃儿》。该文连载于5月6日至17日《大同报》文艺副刊《大同俱乐部》。此后，陆续创作了小说《腿上的绷带》《太太与西瓜》《看风筝》等。

7月。参加“星星剧社”活动，排演《小偷》《娘姨》等剧目。

10月3日。与萧军的小说、诗歌、散文合集《跋涉》自费在哈尔滨《五日画报》印刷社出版，引起东北文坛注意，作者被誉为黑暗现实中两颗闪闪发亮的明星，奠定了萧红和萧军在东北文坛的地位。

12月。《跋涉》因有“反满抗日”倾向遭查禁，萧红和萧军在哈处境日艰。年底，与萧军计划离开哈尔滨。

1934年/23岁

3月。舒群来信，约萧红和萧军去青岛。

4月20日。小说《麦场》（即《生死场》前两章《麦场》《菜圃》）连载于《国际协报》“公园”副刊。

5月间。因病在萧军乡下友人家居住十多日调养身体。

6月12日。与萧军悄然离开哈尔滨。

6月15日。与萧军经大连抵达青岛。端午节后搬进观象一路一号。不久，舒群、倪青华夫妇搬来同住。

9月9日。完成《麦场》的创作。

10月。萧红和萧军以萧军的名义给鲁迅写信。不久，鲁迅回信，萧红和萧军备受鼓舞。

11月1日。萧红和萧军与作家张梅林乘坐“大连丸”号离开青岛，次日抵达上海。与萧军住进拉都路上的一个亭子间。次日，给鲁迅去信。

11月4日。得鲁迅回信，从此开始与鲁迅先生的书信往来。

11月30日。萧红和萧军与鲁迅全家在一家咖啡馆见面。

12月19日。萧红和萧军赴鲁迅全家的宴请，结识茅盾、叶紫、聂绀弩夫妇等人。

1935年/24岁

3月5日。在鲁迅推荐下，小说《小六》发表于《太白》第一卷第十二期。

3月中。开始写作《商市街》系列散文。

5月15日。完成系列散文《商市街》。

6月1日。散文《饿》在《文学》第四卷第六号上发表。

6月中。搬到萨坡赛路一九〇号唐豪律师家。

10月。因《麦场》公开出版无望，决定自费印行。《麦场》改名《生死场》。

11月6日。与萧军第一次赴鲁迅家宴。

11 月 14 日。鲁迅为《生死场》作序。

12 月中。《生死场》作为“奴隶丛书”之三假托“荣光书局”自费印行，作者署名“萧红”。该书收鲁迅《序言》、胡风《读后记》。

1936 年 / 25 岁

1 月 19 日。与萧军、聂绀弩等人共同编辑的《海燕》创刊，当日售完 2000 册，鲁迅夫妇携海婴在梁园设宴庆贺。《海燕》创刊号载萧红散文《访问》。

3 月 1 日。散文《广告员的梦想》载《中学生》第六十三期。此后，《同命运的小鱼》《春意挂上了树梢》《公园》《夏夜》等多篇散文先后在《中学生》杂志发表。

3 月中。与萧军搬至北四川路“永乐坊”。

3 月 23 日。在鲁迅先生家结识美国作家史沫特莱。

4 月 15 日。《作家》创刊号载萧红小说《手》。

5 月 16 日。鲁迅病重。月底，连续多日前往鲁寓。

7 月中。决定东渡日本一年，并期待与在日本留学的弟弟张秀珂会面。

7 月 15 日。鲁迅夫妇设家宴为之饯行。

7 月 16 日。黄源设宴为萧红送行，饭后与萧军、黄源到照相馆拍合影一张。

7 月 17 日。乘船赴日。

7月21日。抵达东京，在黄源妻子许粤华的帮助下，开始旅日生活。

7月26日。给萧军去信，告知弟弟张秀珂已于7月16日回国。

8月中。散文集《商市街》作为由巴金主编的《文学丛刊》第二集第十二册，由上海文化生活出版社初版，内收散文41篇。

9月初。为《大沪晚报》写作纪念“九·一八”的散文《长白山的血迹》。

9月12日。遭日本便衣警察盘查。

9月14日。进入“东亚补习学校”学习日语。

9月中。散文集《商市街》再版。

10月19日。鲁迅病逝，三日后，萧红获悉死讯，极度哀伤。后致萧军信（10月24日）以《海外的悲悼》为题载《中流》第一卷第五期。

11月。散文集《桥》作为巴金主编的《文学丛刊》第三集第十二册，由上海文化生活出版社初版。

1937年/26岁

1月9日。接萧军信，中断在日本的日语学习和创作，乘“秩父丸”号回国。1月13日，回到上海，住法租界吕班路。

3月15日。组诗《沙粒》载《文丛》第一卷第一期，将与萧军间的情感危机公之于众。

4月。与萧军关系恶化，离家出走一家犹太人开办的寄宿画院准备学画，旋即，被萧军朋友找回。

4月23日。离开上海到北平访友、散心。在北平期间与李洁吾、舒群有较多接触。

5月中旬。短篇小说集《牛车上》由上海文化生活出版社初版，为巴金主编“文学丛刊”第五集第五册。

5月下旬。返回上海。参加《鲁迅先生纪念集》的资料搜集和整理工作。与萧军关系持续恶化中。

7月7日。“卢沟桥事变”爆发，中国开始全面抗战。19日收到北平李洁吾的来信，记叙事变后北平现状。后将来信发表于《中流》第二卷第十期。

8月13日。淞沪抗战爆发，不顾危险鼎力帮助日本友人鹿地亘、池田幸子夫妇。

8月底。胡风出面邀请萧红、萧军、曹白、艾青、彭柏山、端木蕻良等作家商议筹办新的文学杂志。萧红提议将即将创刊的新杂志命名为《七月》，得到大家赞同。此次集会上，与端木蕻良第一次见面。

9月下旬。萧红和萧军离开上海抵达汉口，通过于浣非结识诗人蒋锡金，旋即搬进蒋锡金位于武昌水陆前街小金龙巷21号的住处。

10月中旬。写回忆鲁迅的散文《万年青》《逝者已矣！》。《万年青》载武汉《战斗旬刊》第一卷第四期“鲁迅先生周年祭特辑”，该文后改篇名《鲁迅先生记（一）》收入重庆大时代书局初版的《萧红散文》；《逝者已矣！》

载 10 月 20 日汉口《大公报 • 战线》第二十九号。

10 月下旬。端木蕻良应胡风、萧军之邀前来武汉，随后也搬进小金龙巷与萧红和萧军住在一起。到武汉安顿之后，开始长篇小说《呼兰河传》的创作。

12 月 10 日。与萧军、端木蕻良突遭当局逮捕。次日，在胡风托人斡旋下，三人获释。

是年，年底。萧红和萧军搬进冯乃超位于武昌紫阳湖畔寓所。

1938 年 / 27 岁

1 月 16 日。参加《七月》杂志的座谈会。

1 月 27 日。与萧军、聂绀弩、艾青、田间、端木蕻良等人离开武汉，前往山西临汾民族革命大学任教。

2 月 6 日。抵达临汾，与丁玲率领的“西北战地服务团”相遇，结识丁玲，并建立深厚友谊。

2 月下旬。因日军逼近临汾，随“西北战地服务团”转移运城，萧军执意留下打游击，二人在临汾分手。

3 月初。抵达西安，住进八路军驻西安办事处。与端木蕻良等人共同创作三幕话剧剧本《突击》。发现自己怀孕，欲堕胎，未果。

3 月 16 日。《突击》在西安隆重公演，一连三天七场，场场爆满，轰动西安城。萧红与其他主创人员受到周恩来等领导人的接见。

4月初。萧军随丁玲、聂绀弩来到八路军驻西安办事处。向萧军正式提出分手，其后明确与端木蕻良的恋爱关系。

4月下旬。与端木蕻良一起回到武汉，再次入住小金龙巷。

4月29日。出席由胡风召集的文艺座谈会，题目是《现时文艺活动与〈七月〉》。会上，表达了自己的创作观。

5月下旬。与端木蕻良在汉口大同酒家举行婚礼，胡风、艾青、池田幸子等人出席。

8月上旬。因武汉形势危急，端木蕻良离开武汉前往重庆。

8月中旬。搬至位于汉口三教街的“中华全国文艺界抗敌协会”总部，与孔罗荪、蒋锡金等人住在一起，等候买船票入川。

9月中旬。与冯乃超夫人李声韵结伴去重庆。行至宜昌李声韵不幸大咯血，萧红手足无措，幸得同船《武汉日报》副刊《鹦鹉洲》编辑段公爽帮助，将她送进当地医院。两天后，一个人到达重庆。

11月。在江津一家私人小妇产医院产下一名男婴。产后第四天，平静告知白朗孩子头天夜里抽风而死。几天后，离开江津返回重庆。

12月。与池田幸子、绿川英子共住在米花街小胡同池田寓所。

12月22日。在塔斯社重庆分社，接受苏联记者罗果夫的采访。

1939年/28岁

春。蛰居歌乐山潜心创作，完成了散文《滑竿》《林小二》《长安寺》，短篇小说《山下》《莲花池》等作品。

4 月 5 日。致许广平信（3 月 14 日）以《离乱中的作家书简》为题，载《鲁迅风》第十二期。

4 月 17 日。香港《星岛日报》副刊《星座》连载小说《旷野的呼喊》。

5 月。与端木蕻良搬至嘉陵江畔的黄桷树镇，住进苗圃。

9 月 22 日。整理完成《鲁迅先生生活散记——为纪念鲁迅先生三周年祭而作》，后载《中苏文化》第四卷第三期。此后，发表多篇回忆鲁迅的文字。

10 月下旬。将整理好的有关回忆鲁迅的文字结集为一本小册子，取名《回忆鲁迅先生》。

秋。与端木蕻良搬进名叫“秉庄”的一座二层小楼。

11 月。与端木应邀参加苏联大使馆在枇杷山举行的十月革命纪念节的庆祝活动。

12 月中旬。重庆北碚不断遭到轰炸，因不能忍受惊扰，与端木蕻良商量离开重庆，参考友人华岗的意见，最终决定前往香港。

1940 年 / 29 岁

1 月 17 日。与端木蕻良离开重庆，乘飞机抵达香港，入住九龙尖沙咀金巴利道诺士佛台 3 号。

2月5日。“文协”香港分会在大东酒店举行全体会员聚餐会，热烈欢迎萧红、端木蕻良来港。次日，《立报》报道了该欢迎会的消息。

3月3日。参加在坚道养中女子中学举行的座谈会，讨论题目是《女学生与三八妇女节》。

3月。短篇小说集《旷野的呼喊》由上海杂志公司初版，列入郑伯奇主编的《每月文库》第一辑之十。

4月。以“中华全国文艺界抗敌协会”会员身份，登记成为“文协”香港分会会员。

5月11日。与端木蕻良应岭南大学艺文社之邀参加该校学生组织的文艺座谈会。

5月12日。与端木蕻良一起参加由香港文协与中国文化协进会共同举办的“黄自纪念音乐欣赏会”。

6月。《萧红散文》由重庆大时代书局初版。

7月。《回忆鲁迅先生》由重庆妇女生活社初版。

8月3日。香港各界“纪念鲁迅先生六十生诞纪念会”在加路连山孔圣堂举行。会上，萧红报告鲁迅先生生平事迹。晚上，在孔圣堂举行晚会，上演萧红编写的哑剧《民族魂鲁迅》。

9月1日。《呼兰河传》开始在《星岛日报》副刊《星座》连载。12月20日，《呼兰河传》完稿，至12月27日连载完毕。

1941年 / 30岁

1月。《马伯乐》第一部由大时代书局初版，5个月后再版。

2月1日。长篇小说《马伯乐》第二部在香港《时代批评》杂志第六十四期开始连载。

2月初。与端木蕻良搬家至九龙乐道八号二楼。

2月17日。“文协”香港分会等文化团体，在思豪酒店举办茶会欢迎史沫特莱、宋之的、夏衍、范长江等人来港。茶会由萧红主持，史沫特莱发表演讲。

3月初。史沫特莱前来乐道八号看望。见萧红居住环境非常糟糕，执意邀请她到林荫台别墅与自己同住，两人共度了近一个月的时光。

5月初。史沫特莱返回美国，行前带走了萧红、端木蕻良的一些作品，准备在美国发表。萧红托其将一册《生死场》代送给美国作家辛克莱。

5月30日。《呼兰河传》单行本作为“每月文库”第二辑之六，由桂林上海杂志公司初版。

7月1日。小说《小城三月》载《时代文学》第二期。

7月间。常常失眠，咳嗽加剧，再次住进玛丽医院。

9月中。美国女作家海伦•福斯特与他人合作将萧红《马房之夜》译出，发表在自己主编的《亚细亚》月刊九月号上。

11月初。出院回家，骆宾基、胡风等友人先后前来探望。

11 月上旬。诗人柳亚子前来拜访端木蕻良，与萧红相识。

11 月中旬。再次住进玛丽医院。因不满医生及护士的冷遇，急于出院。

12 月 8 日。太平洋战争爆发。日军开始轰炸香港。骆宾基向端木蕻良辞行，在端木蕻良的挽留下，应允留下帮助照料萧红。是夜，从九龙转移至香港。

12 月 9 日。住进思豪酒店。

12 月 18 日。被迫转移至周鲸文家，后又转移到告罗士打酒店。在日军占领酒店前，端木蕻良、骆宾基又将萧红转移出来，最后安置在中环一家裁缝铺里。

12 月 24 日。转至斯丹利街时代书店的书库安顿下来。

1942 年 / 31 岁

1 月 12 日。住进养和医院，次日手术，术后发现医生误诊。

1 月 18 日中午。转至玛丽医院。下午 2 时，安装了喉口呼吸铜管。因没有气流经过声带，不能说话。

1 月 19 日。夜 12 时。写下“我将与蓝天碧水永处，留得半部‘红楼’给别人写了……半生尽遭白眼、冷遇，身先死，不甘、不甘！”

1 月 22 日。玛丽医院被日军接管，病人一律赶出。萧红被转至一家法国医院。其后，法国医院亦被军管。随即又被送至法国医生在圣士提反女校设立的临时救护站。6 时许陷于深度昏迷。

1月22日。上午10时。在法国医院设在圣士提反女校的临时救护站逝世。终年，三十一岁。

1月24日。遗体在香港跑马地背后的日本火葬场火化。

1月25日。部分骨灰安葬在浅水湾丽都酒店前花坛里（1957年8月15日，迁葬广州银河公墓）。

1月26日。剩余骨灰安葬在圣士提反女校后院土山坡下。至今未被发现。

图书在版编目（CIP）数据

不惧离散，只怕动情：萧红传 / 王臣著. — 北京：中国华侨出版社，2018.3
ISBN 978-7-5113-7556-8

Ⅰ. ①不… Ⅱ. ①王… Ⅲ. ①萧红（1911-1942）— 传记 Ⅳ. ①K825.6

中国版本图书馆CIP数据核字(2018)第035351号

不惧离散，只怕动情：萧红传

著　　者：王　臣
出 版 人：刘凤珍
责任编辑：付改兰
封面设计：昆　词
经　　销：新华书店
开　　本：880mm×1230mm 1/32　　印张：8　　字数：170千字
印　　刷：北京市雅迪彩色印刷有限公司
版　　次：2018年5月第1版　　2018年5月第1次印刷
书　　号：ISBN 978-7-5113-7556-8
定　　价：45.00元

中国华侨出版社 北京市朝阳区静安里 26 号通成达大厦 3 层 邮编：100028
法律顾问：陈鹰律师事务所
发 行 部：（010）82068999 传真：（010）82069000
网　　址：www.oveaschin.com
E-mail：oveaschin@sina.com

如发现图书质量问题，可联系调换。质量投诉电话：010-82069336